Pusteblume

Das Arbeitsheft 4

Schulausgangsschrift

Berlin, Brandenburg, Mecklenburg-Vorpommern, Sachsen-Anhalt und Thüringen

Neubearbeitung

Herausgegeben von
Wolfgang Menzel

Erarbeitet von
Sophie Böhme, Erfurt
Anne-Kathrin Jurgan, Rangsdorf
Hennrika Nehls, Satow
Fritzi Rothe, Potsdam
Vivian Steppat, Alperstedt
Marion Wilke, Zossen

Unter Einbeziehung der Erarbeitung von
Christel Jahn, Wolfgang Kunsch, Wolfgang Menzel, Udo Schoeler, Brigitte Schulz, Sabine Stach-Partzsch, Katja Vau

Illustriert von
Anja Rieger

Schroedel
westermann

Inhaltsverzeichnis

Ich und die anderen

Im Wald unterwegs

Wir kennen Medien

Das Fahrrad und andere Erfindungen

Lernen lernen
Richtig schreiben
Sprache untersuchen
Texte verfassen

Inhaltsverzeichnis

So findest du dich auf den Seiten zurecht:

1 Eine Zusatzaufgabe erkennst du an dieser Farbe.

Zusatzwörter und Zusatztexte
erkennst du auch an dieser Farbe.

Merksatz So sieht ein Kasten mit einer wichtigen Regel aus.

Tipp In so einem Kasten stehen Tipps, die dir bei deiner Arbeit helfen sollen.

Wenn du wissen möchtest, ob du eine Aufgabe richtig gelöst hast, kannst du das mit den Lösungsseiten ab Seite 74 selbst kontrollieren. Auf Seite 88 findest du einen Arbeitsplan, in den du eintragen kannst, was du schon geübt hast und was du als Nächstes machen willst.

◇ 1 wiedergeben ◇◇ 2 Zusammenhänge herstellen ◇◇◇ 3 reflektieren und beurteilen

▸ Sprachbuch
⤓ Lernsoftware

Das kann ich schon

Wörter nach dem Alphabet ordnen

◇ **1** Ich erkenne sechs Tiernamen im Suchsel und kann diese aufschreiben.

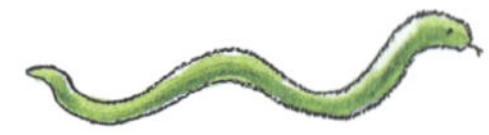

Q	R	T	S	S	C	H	W	A	N	M
W	E	I	C	C	H	J	K	L	Ö	Ä
L	S	K	H	H	J	G	F	D	S	A
S	C	H	I	L	D	K	R	Ö	T	E
Ö	H	Ä	M	A	Ö	L	K	J	H	G
Ä	W	M	P	N	Q	A	A	S	D	F
Y	A	N	A	G	W	E	R	T	Z	U
X	L	B	N	E	Ö	Ä	Ü	P	O	I
C	B	G	S	C	H	W	E	I	N	Y
V	E	V	E	J	L	M	N	B	X	V

(1) Schildkröte

◇◇ **2** Ich kann diese Namen nach dem Alphabet ordnen und nummerieren.

Ein Gedicht abschreiben

◇ **3** Ich kann ein Gedicht abschreiben.

Das Kätzchen *Anita Menger*

Das Kätzchen sitzt im Apfelbaum.
Es kletterte, man glaubt es kaum,
dem Vogel hinterher,
doch der sitzt jetzt nicht mehr
auf diesem Ast. – Nun so allein,
denkt sich das Kätzchen: „Wie gemein!“

Lernen lernen

Das kann ich schon

Mit den Wortbausteinen -ig und -lich Adjektive bilden

◇ **1** Ich kann mit den Wortbausteinen **-ig** und **-lich** Adjektive bilden.

Mut Freund Sport Neugier

___

Wörter mit doppelten Mitlauten (Konsonanten) schreiben

◇◇ **2** Ich kann Wörter mit doppelten Mitlauten (Konsonanten) richtig schreiben.

 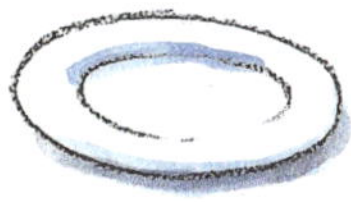  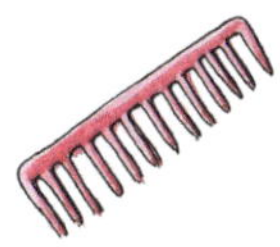 

___

Wörter verlängern

◇◇ **3** Ich kann herausfinden, ob man die Lückenwörter mit **b, d, g** oder mit **p, t, k** schreibt. Dazu bilde ich die Mehrzahl.

Kor b – Körbe 

Zwer__ – ____

Pfer__ – ____ 

Sie__ – ____ 

Wörter ableiten

◇ **4** Ich kann Wörter mit **ä** und **äu** ableiten.

der Wald – die ____

das Haus – die ____

fallen – er ____

laufen – er ____

Wörter mit ss und ß schreiben

◇◇ **5** Ich kann Wörter mit **ss** und **ß** richtig schreiben.

  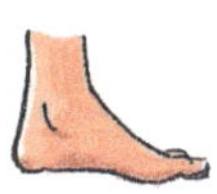   

Wörter mit **ss**: ____

Wörter mit **ß**: ____

Das kann ich schon

Verben in den Zeitformen Präsens, Präteritum und Perfekt verwenden

1 Ich kann Sätze in den Zeitformen Präsens, Präteritum und Perfekt wie im Beispiel aufschreiben.

Ich **esse** einen Apfel. Ich **aß** einen Apfel. Ich **habe** einen Apfel **gegessen**.

Ich ____________ ein Buch. Ich **las** ein Buch. ______________________________

____.

Ich **spiele** mit meinen Freunden. ______________________________

______________________________. ______________________________

____.

Satzglieder umstellen

2 Ich kann aus diesen Satzgliedern verschiedene Sätze bilden.

gestern | kam | ein neuer Schüler | in unsere Klasse

____

____

____

____

Subjekt und Prädikat unterscheiden

3 Ich kann in diesen Sätzen das Subjekt einmal und das Prädikat zweimal unterstreichen.

Der neue Schüler heißt Tom.
Er sitzt neben mir.
Gestern rief mich Tom zu Hause an.

Zeichen der wörtlichen Rede setzen: . ! ? : „ “

4 Ich kann die Zeichen der wörtlichen Rede richtig einsetzen.

Unsere Lehrerin fragt ▢ ▢ Wo kann Tom sitzen ▢ ▢
Ich rufe laut ▢ ▢ Bei mir ist noch Platz ▢ ▢

Das kann ich schon

Ein Elfchen schreiben

1 Ich kann ein Elfchen zu einem dieser Themen schreiben.

Gewitter | Ferien | Mitternacht

Einen Brief schreiben

2 Ich kann einen Brief an eine Märchenfigur schreiben und auf die Anrede sowie die Grußformel achten.

Texte verfassen

Ein Interview vorbereiten

◇ **1** Ein Interview ist die Befragung einer Person.
Ein Interview muss gut vorbereitet werden. Lies die Tipps.

Tipp

- Suche dir ein Thema, über das du etwas wissen möchtest.
- Finde heraus, wen du zu diesem Thema befragen kannst.
- Überlege dir Fragen und schreibe sie auf. Deine Fragen sollten nicht mit ja oder nein beantwortet werden können.
- Vereinbare mit deinem Interviewpartner Ort und Zeitpunkt für das Interview.
- Übe das Interview vor dem Spiegel oder mit einem Partner.

◇◇◇ **2** Die Kinder der 4b haben die Schüler ihrer Partnerklasse zum Interview eingeladen. Lies die Fragen und schreibe weitere auf.

a. Wie kommst du zur Schule?
b. Wie lange hast du am Dienstag Unterricht?

c. Wie ____________________?

d. Wo ____________________?

e. Was ____________________?

f. Welches ____________________?

g. Wohin ____________________?

h. Seit wann ____________________?

i. ____________________

j. ____________________

◇◇◇ **3** Wie könnte dein Interviewpartner antworten?
Schreibe mögliche Antworten in dein Heft.
a. Ich komme mit dem Bus zur Schule.
b. …

◇◇ **4** Lies die folgenden Fragen und schreibe auf, wen du befragen könntest.

Wie viele Schüler lernen an unserer Schule? ____________________

Um welche Uhrzeit bist du geboren? ____________________

▸ Sprachbuch: Seite 16

Laute unterscheiden

Merksatz

Selbstlaute werden auch **Vokale** genannt: *a, e, i, o, u.*
Mitlaute werden auch **Konsonanten** genannt: *b, c, d, f …*
Ein **Zwielaut** ist ein Doppellaut aus
zwei verschiedenen Vokalen: *au, äu, ei, eu, ai, ui.*
Ein **Umlaut** ist die Veränderung eines Vokals
durch zwei Punkte: *ä, ö, ü.*

◇ **1** Welche Unterrichtsfächer sind gemeint? Setze die fehlenden Vokale ein.

K*u*nst M_s_k M_th_m_t_k Sp_rt R_l_g__n

◇◇ **2** Ordne die Wörter und Bildwörter nach ihrem Anfangslaut.

überqueren Erwartung öffnen
Unterricht eigentlich
jung Ausbildung Fehler

Vokal: *Igel,* __________

Konsonant: __________

Zwielaut: __________

Umlaut: __________

◇◇◇ **3** In dem Satz fängt jedes Wort mit demselben Vokal an. Schreibe zu allen Vokalen einen lustigen Satz: *Acht Affen angeln am Abend Ameisen.*

E … __________

____

____

____

◇ **4** Setze die Schüttelwörter richtig ein. Markiere die Zwielaute.

In der Pause spiele ich mit meinen neuen __________. rneuFend

Auf dem Schulhof steht eine __________. cheEi

▸ Sprachbuch: Seite 17
⤓ Lernsoftware: Nr. 7

Wörter mit doppelten Konsonanten üben

Merksatz

Wenn du nach einem **kurzen Vokal** nur einen **Konsonanten** hörst, wird er beim Schreiben verdoppelt: *fallen, offen, die Brille.*

◇ **1** Stelle die Wörter zu Reimpaaren zusammen.

~~der Kuss~~ ich kann schnell der Mann das Lamm nett glatt satt
still der Stamm nass hell fett ~~ich muss~~ ich will das Fass
denn der Kamm der Fall wenn der Stall der Schwamm

der Kuss – ich muss,

◇◇ **2** Schreibe die Nomen (Substantive) von Aufgabe 1 in der Mehrzahl auf.

die Küsse,

◇◇ **3** Schreibe die Adjektive von Aufgabe 1 und eine verlängerte Form auf.

schnell – schneller,

◇◇ **4** Schreibe mit den drei Verben Sätze in dein Heft.

◇◇ **5** Welche beiden Wörter aus dem Wortkasten sind keine Nomen (Substantive), keine Adjektive und keine Verben? ____________

▸ Sprachbuch: Seite 18
⤓ Lernsoftware: Nr. 9

Lange und kurze Vokale in einer Wortfamilie üben

Merksatz

Ein **doppelter Konsonant** bleibt in den meisten Wörtern einer Wortfamilie erhalten: *treffen, sie trifft, sie hat getroffen.* Manchmal haben nicht alle Wörter einer Wortfamilie einen doppelten Konsonanten. Ein doppelter Konsonant steht nur nach einem kurzen Vokal: *kommen, kommt, kam, gekommen*
reiten, reitet, ritt, geritten.

1 Markiere in jeder Geschichte die Verbformen von **treffen**, **kommen**, **gefallen** und **bitten**.

Eine Geschichte über Paul (im Präsens)
Einmal trifft Paul eine Katze.
Sie kommt mit ihm. Die Katze gefällt Paul sehr.
Er bittet seine Eltern, sie behalten zu dürfen.

Eine Geschichte über Paul (im Präteritum)
Einmal traf Paul eine Katze.
Sie kam mit ihm. Die Katze gefiel Paul sehr.
Er bat seine Eltern, sie behalten zu dürfen.

Eine Geschichte über Paul (im Perfekt)
Einmal hat Paul eine Katze getroffen.
Sie ist mit ihm gekommen. Die Katze hat Paul sehr gefallen.
Er hat seine Eltern gebeten, sie behalten zu dürfen.

2 Schreibe die markierten Verbformen neben die Grundformen.

treffen: trifft, traf, hat getroffen

kommen: ______

gefallen: ______

bitten: ______

3 Setze bei den Verbformen unter die langen Vokale einen Strich und unter die kurzen Vokale einen Punkt.

4 Schreibe weitere verwandte Wörter zu **treffen**, **kommen** und **fallen** auf.

______

▶ Sprachbuch: Seite19
⤓ Lernsoftware: Nr. 8

Bestimmte und unbestimmte Artikel unterscheiden

Merksatz

Die Wörter *der, die, das* nennt man **bestimmte Artikel,**
ein und *eine* nennt man **unbestimmte Artikel.** Sie sind
Kennzeichen für Nomen (Substantive): *der Junge, ein Junge.*
Der **unbestimmte Artikel** sagt meistens,
dass etwas in einem Text noch **unbekannt** ist.
Der **bestimmte Artikel** sagt hingegen,
dass etwas in einem Text schon **bekannt** ist.
Ein Kind läuft umher. Das Kind stolpert.

1 Lies den Text. Wie viele Kinder kommen in dem Text vor?

A Am Schwimmbecken steht ein Mädchen.
Ein Junge steigt auf den Startblock.
Ein Mädchen zieht eine Schwimmbrille an.
Ein Junge springt ins Wasser.

2 Lies nun diesen Text. Wie viele Kinder kommen hier vor?

B Am Schwimmbecken steht ein Mädchen.
Ein Junge steigt auf den Startblock.
Das Mädchen zieht eine Schwimmbrille an.
Der Junge springt ins Wasser.

3 Unterstreiche in den Texten A und B den bestimmten
und den unbestimmten Artikel unterschiedlich.

4 Setze die Artikel so ein, dass nur **ein** Vogel und **eine** Katze vorkommen.

Auf einem Ast sitzt ein Vogel. Durch das Gras schleicht eine Katze.

Als ich näher komme, fliegt ________ Vogel in sein Nest

und ________ Katze springt auf die Mauer.

5 Schreibe den Text von Aufgabe 4 so auf,
dass **zwei** Vögel und **zwei** Katzen vorkommen.

____

____

____

Sprache untersuchen

▸ Sprachbuch: Seite 21
⤓ Lernsoftware: Nr. 27

Pronomen verwenden

Merksatz

Ein **Pronomen** ist ein Wort, das für ein Nomen (Substantiv) eingesetzt werden kann. So muss es im Text nicht ständig wiederholt werden.

Pronomen sind:

ich *(mir, mich)*	***wir*** *(uns)*
du *(dir, dich)*	***ihr*** *(euch)*
er *(sich, ihm, ihn)*	
sie *(sich, ihr)*	
es *(sich, ihm)*	***sie*** *(ihnen)*

1 Setze die Pronomen **mir** oder **mich** ein.

Ich freue ________. Das macht ________ Spaß. Ich schäme ________.

Das macht ________ stolz. Ich denke ________ etwas aus. Hilf ________!

Meine Oma schickt ________ ein Paket. Sie hat an ________ gedacht.

2 Setze die passenden Pronomen ein.

dir, er, ich, mir, sie, du, wir, ihre, ihm

Paul will sein Fahrrad putzen. ________ (Paul) stellt es vor das Haus.

Da kommt Julia vorbei. ________ (Julia) fragt: „Kann ________ (Julia) ________ (Paul) helfen?" Paul antwortet: „Gern, wenn ________ (Julia) ________ (Paul) hilfst, sind ________ (Julia und Paul) schneller fertig."

Julia zieht ________ (Julia) Jacke aus und setzt sich zu ________ (Paul).

Bald glänzt das Fahrrad wie neu.

Paul bedankt sich bei Julia: „Vielen Dank! Möchtest ________ (Julia) mit ________ (Paul) noch eine Runde fahren?

Ich lade ________ (Julia) zum Eis ein."

3 Schreibe eigene Sätze mit den Pronomen **dir** und **dich** in dein Heft.

Sprache untersuchen

▶ Sprachbuch: Seite 23
⤓ Lernsoftware: Nr. 35

Mit dem roten Faden eine Geschichte entwickeln

◇ **1** Lies den Anfang der Geschichte und überlege, wie sie weitergehen könnte.

> Mama hat morgen Geburtstag.
> Aufgeregt wartet Jakob darauf,
> dass sie endlich die Wohnung verlässt.
> Er hat eine gute Idee!

◇◇ **2** Schreibe Stichwörter zu den Fragen auf.

Um wen geht es? ____________________

Wo spielt die Geschichte? ____________________

Welche besondere Situation tritt auf? ____________________

Welche Idee hat die Person? ____________________

Wie fühlt sich die Person nun? ____________________

Jetzt passiert etwas Unerwartetes. Was? ____________________

Wie geht die Geschichte weiter? ____________________

Wie endet die Geschichte? ____________________

◇◇◇ **3** Schreibe deine Geschichte in dein Heft.

▸ Sprachbuch: Seite 24

Was kann ich nun?

Teste dich selbst. Bearbeite die folgenden Aufgaben.
Schau dann auf Seite 76 nach, ob du sie richtig gelöst hast.
Male in die Kreise: Die Aufgabe war leicht ☺, mittel 😐, schwer ☹.

◇ **1** Ergänze die Zwielaute.

St___ermann ___ge Kr___s Z___gnis Fr___ M___skolben

◇ **2** Setze richtig ein.

Schi___e (f/ff) ste___en (l/ll) bi___en (t/tt) Ga___el (b/bb) Scha___e (l/ll) Sti___e (m/mm)

◇◇ **3** Ergänze die fehlenden Verbformen.

Infinitiv	Präsens	Präteritum	Perfekt
bitten		er bat	
kommen			er ist gekommen
treffen	er trifft		

◇◇ **4** Vervollständige die Sätze. Setze **bekannt** oder **unbekannt** ein.

Der unbestimmte Artikel sagt meistens, dass etwas in

einem Text ___________ ist. Der bestimmte Artikel sagt meistens,

dass etwas in einem Text ___________ ist.

◇◇ **5** Setze den bestimmten oder den unbestimmten Artikel so ein, dass nur **ein** Mädchen und **ein** Junge im Text vorkommen.

Ein Mädchen kommt in die Klasse. Ein Junge sitzt am Tisch.

______ Mädchen geht zu ______ Jungen und gibt ihm etwas.

◇◇ **6** Setze die passenden Pronomen in die Lücken ein.

mir ihm wir er uns

Gestern habe ich meinen Freund getroffen. _____ heißt Karl.

_____ sind in die Stadt gegangen und haben _____ dort ein Eis gekauft.

Ich habe _____ eine Kinokarte geschenkt. Karl hat sich bei _____ bedankt.

☐ Lösungen: Seite 76

▸ Sprachbuch: Seite 27

Informationen sammeln

◇ **1** Lies den Text über den Dachs.

Der Dachs
Der Dachs lebt in unseren Wäldern. Tagsüber versteckt er sich in seinem Bau unter der Erde. In der Nacht sucht er sein Futter. Er frisst Regenwürmer, Insekten, aber auch Getreide, Beeren und Wurzeln. Bei der Futtersuche ist er sehr vorsichtig. Er streckt seine Schnauze in die Luft. So kann er mit seinem guten Geruchssinn die Witterung aufnehmen. Der Dachs ist länger als ein Rotfuchs und schwerer als jeder andere Marder. Sein Kopf hat eine schwarz-weiße Fellzeichnung. Dachse halten keinen echten Winterschlaf, sie ruhen nur. In manchen Nächten kommen sie im Winter aus ihrem Bau.

◇◇ **2** Einige wichtige Textstellen sind bereits unterstrichen. Markiere in dem Text weitere Informationen, die du für einen Vortrag benötigst.

◇ **3** Schreibe die Informationen auf die entsprechenden Stichwortkarten.

Lebensraum	Besonderheiten	Aussehen
in unseren Wäldern.		

Nahrung	Fortpflanzung

◇◇ **4** Zu einigen Karten benötigst du noch Informationen.
Wo kannst du Informationen zum Dachs finden? Schreibe auf:

____

◇ **5** Ergänze die Informationen auf den Stichwortkarten.

◇◇ **6** Du kannst mithilfe deiner Stichwortkarten einen Kurzvortrag halten.

▸ Sprachbuch: Seite 34
⤓ Lernsoftware: Nr. 50

Wörter mit ss und ß unterscheiden

Merksatz

Für Wörter mit **ss** oder **ß** gilt:
Auf einen **kurzen Vokal** folgt **ss**.
Auf einen **langen Vokal** folgt **ß**. Auch bei **ei** und **ie** folgt **ß**.
Manchmal werden Wörter derselben Wortfamilie mit **ss** und mit **ß** geschrieben: *essen, er isst, er hat gegessen* – aber: *er aß*.

◇ **1** Markiere den Vokal vor **ss** oder **ß** wie im Beispiel.

kurzer Vokal vor **ss**: *fressen*
langer Vokal oder Zwielaut vor **ß**: *schießen*

schießen vergessen sie schoss ich vergaß der Schuss du vergisst

lassen sie wusste ich ließ ich weiß er lässt wissen

der Schlüssel der Biss schloss beißen schließen gebissen

◇ **2** In jedem Kasten stehen Wörter aus zwei verschiedenen Wortfamilien. Schreibe jeweils die drei Wörter aus einer Wortfamilie auf.

schießen, der Schuss,

vergessen,

◇◇ **3** **ss** oder **ß**? Schreibe die Wörter richtig auf.

fre__en es fra__ es fri__t der Ri__ rei__en geri__en

▸ Sprachbuch: Seite 35
⤓ Lernsoftware: Nr. 13, 15, 16

Wörter mit k und ck üben

Merksatz

Nach einem **Konsonanten** steht ein **k**
wie in *Wolke* und in *Bank*, in *Gurke* und in *Schrank*.
Nach einem **kurzen Vokal** steht **ck**
wie *packen*, *lecken*, *zwicken*, *locken* und *jucken*.

1 Markiere 12 Wörter mit **k** oder **ck** im Suchsel
und schreibe die Wörter geordnet auf.
Achte auf die Groß- und Kleinschreibung!

Q	L	E	C	K	E	N	O	H	S
U	I	U	D	I	C	K	K	A	T
A	N	B	O	R	K	E	R	R	Ü
R	K	N	P	Q	E	V	W	K	C
K	S	R	A	Z	Q	B	V	E	K
S	C	H	R	E	C	K	Y	N	L
D	E	N	K	E	N	Ö	E	K	R
E	N	T	W	I	C	K	E	L	N

Wörter mit **k**: Quark, ______

Wörter mit **ck**: ______

2 Unterstreiche in Aufgabe 1 die Buchstaben, die vor **k** oder **ck** stehen.

3 Ordne die Verben in die Tabelle ein und ergänze die fehlende Verbform.

~~wecken~~ er blickte jucken er lockte stricken er hackte

Infinitiv	Infinitiv mit Trennstrich	Präteritum	Präteritum mit Trennstrich
wecken	we-cken	er weckte	er weck-te

▸ Sprachbuch: Seite 36
⤓ Lernsoftware: Nr. 10

Wörter mit z und tz üben

Merksatz

Nach einem **Konsonanten** steht ein **z**
wie in *tanzen* und in *Holz*, in *Wurzel* und in *Stolz*.
Nach einem **kurzen Vokal** steht **tz**
wie in *putzen* und *spritzig*, in *kratzen* und *witzig*.

◇ **1** Trenne die Wörter mit **z** oder **tz** in der Wörterschlange mit Strichen ab.

◇◇ **2** Schreibe die Wörter von Aufgabe 1 geordnet auf.
Achte auf die Groß- und Kleinschreibung!

Wörter mit **z**: tanzen, ______________________________

____

Wörter mit **tz**: ______________________________

____

◇ **3** Unterstreiche in Aufgabe 2 die Buchstaben, die vor **z** oder **tz** stehen.

◇◇ **4** Ordne die Verben in die Tabelle ein und ergänze die fehlende Verbform.

~~er blitzte~~ schwitzen putzen er platzte setzen er benutzte

Infinitiv	Infinitiv mit Trennstrich	Präteritum	Präteritum mit Trennstrich
blitzen	blit-zen	er blitzte	er blitz-te

Richtig schreiben

▶ Sprachbuch: Seite 37
⤓ Lernsoftware: Nr. 11

Nomen (Substantive) in den vier Fällen verwenden 1

Merksatz

Nomen (Substantive) können in **vier verschiedenen Fällen** vorkommen:

Nominativ	**(Wer oder was?):**	*der Wurm*	*die Schnecke*	*das Tier*
Genitiv	**(Wessen?):**	*des Wurms*	*der Schnecke*	*des Tieres*
Dativ	**(Wem?):**	*dem Wurm*	*der Schnecke*	*dem Tier*
Akkusativ	**(Wen oder was?):**	*den Wurm*	*die Schnecke*	*das Tier*

1 Setze **der Baum** im richtigen Fall ein.

der Baum | des Baumes | dem Baum | den Baum

________ ist die größte Pflanze im Wald.

Die Rinde ________ ist beschädigt. Abgase und manche Insekten schaden ________. Der Borkenkäfer kann ________ befallen.

2 Setze **die Eule** im richtigen Fall ein.

________ jagt nachts ihre Beute. Der Schnabel ________ ist sehr scharf. Mäuse schmecken ________ besonders gut. Im Zoo können wir ________ bewundern.

3 Setze **das Reh** im richtigen Fall ein.

________ springt bei Gefahr ins Dickicht. Das Fell ________ ist rotbraun. Fuchs, Luchs und Wolf stellen ________ nach. ________ sehen wir oft am Waldrand.

4 Ergänze die Tabelle.

Nominativ: Wer oder was?	der Baum		
Genitiv: Wessen?		der Eule	
Dativ: Wem?			
Akkusativ: Wen oder was?			das Reh

5 Lege dir eine Tabelle wie in Aufgabe 4 in deinem Heft an.
Setze folgende Nomen (Substantive) mit Artikel in allen vier Fällen ein.

der Jäger | die Mücke | das Wildschwein

▸ Sprachbuch: Seite 38
⤓ Lernsoftware: Nr. 31–33

Nomen (Substantive) in den vier Fällen verwenden 2

◊◊ **1** Setze **der Wildpark** im richtigen Fall ein.
Frage dazu im ganzen Satz nach dem richtigen Fall.

Die Kinder wollen *den Wildpark* besuchen.
Wen oder was wollen die Kinder besuchen? – den Wildpark

Der Parkplatz ______________________ ist sehr groß.

____

______________________ schließt am Abend.

____

● Eine Futterspende kann ______________________ übergeben werden.

____

◊◊ **2** Setze **der Karpfen** im richtigen Fall ein.

Am Teich füttern die Kinder die Enten.
Plötzlich wird eine Ente von einem Karpfen hochgehoben.

______________________ schnappt nach dem Brot,
doch die Ente ist schneller.

Die Schuppen ______________________ glänzen in der Sonne.

● Die Enten wollen ______________________ vertreiben.

Endlich gleitet ______________________ langsam davon.

Die Kinder schauen ______________________ lange nach.

◊ **3** Trage **der Karpfen** in allen Fällen in die Tabelle ein.

Nominativ: Wer oder was?	*der Karpfen*
Genitiv: Wessen?	
Dativ: Wem?	
Akkusativ: Wen oder was?	

Sprache untersuchen

▸ Sprachbuch: Seite 39
⤓ Lernsoftware: Nr. 31–33

Die Zeichen der wörtlichen Rede setzen 1

Merksatz

Ein Redesatz steht in Anführungszeichen.
Im **Begleitsatz** steht, wer etwas sagt.
Steht der **Begleitsatz vorn**, folgt ein **Doppelpunkt**.
Max sagt: „Ich kann schon alles."
Begleitsatz *Redesatz*

Steht der **Begleitsatz hinten**, wird er durch ein **Komma** vom Redesatz abgetrennt.
„Das stimmt nicht!", ruft Felix.
„Bist du dir da auch sicher?", fragt Nelly.
„Ich bin mir nicht ganz sicher", antwortet Max.

Steht der **Begleitsatz dazwischen**, wird er **vorn** und **hinten** durch Kommas abgetrennt.
„Ganz sicher", antwortet Max, „bin ich mir nicht."

1 Bei den Satzmustern a–c steht der Begleitsatz vor der wörtlichen Rede. Ordne die folgenden Sätze den passenden Satzmustern zu.

Herr Wilde sagt Ich erkenne nichts

Jakob fragt Seht ihr das Reh

Lea ruft Da hinten steht es

a ____________________: „____?"

b ____________________: „____!"

c ____________________: „____."

2 Bei den Satzmustern d–f steht der Begleitsatz hinter der wörtlichen Rede. Ordne die folgenden Sätze den passenden Satzmustern zu.

Ich habe es zuerst gesehen schreit Lea

Es steht hinter dem Baum sagt Herr Wilde

Wo ist das Reh denn fragt Jakob

d „____?", ____________________.

e „____", ____________________.

f „____!", ____________________.

▸ Sprachbuch: Seite 40, 41
⤓ Lernsoftware: Nr. 45

Die Zeichen der wörtlichen Rede setzen 2

◇◇ **1** Lies den Text und unterstreiche die Stellen, bei denen jemand etwas sagt.

Im Wildpark

Die Kinder der 4. Klasse besuchen den Wildpark.

Am Eingang begrüßen sie einen Tierpfleger□ □Guten Tag!

Wir möchten Sie etwas fragen□□

Tim will wissen□ □Was ist der Unterschied zwischen einem Wildpark

und einem Zoo□□ Der Pfleger erklärt□ □In einem Wildpark leben

meist einheimische Tiere in großen Gehegen□□

Lea interessiert□ □Wie viele Tierarten leben im Wildpark□□

Er antwortet□ □Bei uns sind 20 Tierarten zu Hause□□

Paul fragt□ □Gibt es hier auch Tiere,

die nicht in unserer Heimat leben□□

Der Tierpfleger berichtet□ □Im Wildpark leben zur Zeit Braunbären,

die nicht bei uns beheimatet sind□□

□Sie sind□ □fügt er hinzu□ □schon länger hier□□

□Warum leben Braunbären denn hier□□□ will Paul wissen.

□Als der Zirkus aufgelöst wurde□□ erzählt

der Tierfpfleger□ □wusste man nicht,

wo man die Bären unterbringen sollte.

Deshalb haben wir sie aufgenommen□□

□Danke für die Informationen□□□ rufen die Kinder.

◇◇ **2** Setze die fehlenden Satzzeichen und die Zeichen der wörtlichen Rede ein.

▸ Sprachbuch: Seite 40, 41
⤓ Lernsoftware: Nr. 45

Fabeln kennenlernen 1

Merksatz

Die **Figuren in einer Fabel** sind Tiere
mit bestimmten Eigenschaften: der dumme Esel, der mächtige Löwe, …

Die **Eigenschaften** der Tiere in einer Fabel
sind oft gegensätzlich: schlau – dumm, …

Der **Ablauf** ist meistens ähnlich:
- Oft treffen sich zwei Tiere.
- Es gibt ein Problem.
- Es kommt zu einer überraschenden Lösung.
- Häufig gibt es eine **Lehre**: Am Schluss steht, was man lernen kann.
- Manchmal muss man die Lehre selbst erkennen.

◇ **1** Lies die Fabel.

Die dummen Esel

Zwei Esel waren mit einem Seil zusammengebunden. Jeder sah vor sich einen großen Haufen Heu und wollte davon fressen. Da zog der eine Esel in die eine Richtung und der andere in die andere Richtung. Aber die beiden kamen nicht an ihre Heuhaufen heran, weil sie sich nicht einigen konnten. Erschöpft setzten sie sich zwischen die beiden Heuhaufen. So sitzen sie immer noch dort und warten.

Welche Eigenschaften haben die Tiere?

____

____

____

Welches Problem tritt auf?

____

____

____

____

____

Was kann man daraus lernen?

____

____

____

____

◇◇ **2** Beantworte die Fragen zum Aufbau der Fabel in einem Satz.

Texte verfassen

▸ Sprachbuch: Seite 42-45

Fabeln kennenlernen 2

1 Verändere die Fabel so, dass die beiden Esel eine kluge Lösung finden.

Die klugen Esel
Zwei Esel waren mit einem Seil zusammengebunden.
Jeder sah vor sich einen großen Haufen Heu und wollte davon fressen.
Da zog der eine Esel in die eine Richtung und der andere in die andere Richtung. Aber die beiden kamen nicht an ihre Heuhaufen heran, weil sie sich nicht einigen konnten. Traurig setzten sie sich zwischen die beiden Heuhaufen.

Da sagte ______________: „______________ Idee!“

Daraus kann man lernen, dass …

▸ Sprachbuch: Seite 42-45

Eine Geschichte zu einer Fabel umschreiben

◇ **1** Lest die Geschichte.

Der große Junge und das mutige Mädchen
Ein großer Junge stolzierte über den Schulhof.
Jedes Kind, das ihm im Weg stand, schubste er um.
Ein kleines Mädchen sah den großen Jungen kommen.
Sie baute sich vor ihm auf und stemmte die Hände in die Seiten. „Mich schubst du nicht um“, sagte sie mit wütendem Blick. Der Junge guckte sie überrascht an.
Er blieb vor ihr stehen und lachte laut los: „Du kleiner Pups willst mir drohen? Gleich fliegst du bis zum Mond!“
„Ha, ha, ha, du wirst schon sehen“, entgegnete das Mädchen.

Der große Junge plusterte sich auf, um das Mädchen umzuschubsen. Da hüpfte das kleine, flinke Mädchen schnell zur Seite. Der große Junge wurde sehr wütend. Aber das flinke Mädchen rannte hinter einen Baum. Der große Junge rannte hinter ihr her und um den Baum herum, um sie zu fangen. Aber das Mädchen war immer schneller.
Plötzlich stolperte der große Junge und fiel hin.
Triumphierend rief sie: „Schubs nie wieder jemanden!“ ...

Aus dieser Geschichte soll nun eine Fabel werden.

◇◇ **1** Überlegt gemeinsam, welche Eigenschaften die Personen haben:

der große Junge: ______________________________

____

das kleine Mädchen: ______________________________

____

◇◇ **2** Welche Tiere passen gut zu ihnen?
Schreibe mehrere Möglichkeiten auf.

zum großen Jungen: ______________________________

____

zum kleinen Mädchen: ______________________________

____

Texte verfassen

▸ Sprachbuch: Seite 46

◇ **3** Wähle für jedes Kind ein Tier aus. Markiere in Aufgabe 2 deine Auswahl.

◇ **4** Schreibe deine Tiere auf:

der große Junge: ______________________________

das kleine Mädchen: ______________________________

◇◇◇ **5** Überlege dir, was man aus der Fabel lernen kann,
und schreibe dazu einen Satz auf.

____

____

◇◇◇ **6** Schreibe die Geschichte als Fabel auf.
Finde eine passende Überschrift.
Schreibe die Lehre ans Ende der Fabel.

____

____

____

____

____

____

____

____

____

____

____

____

____

____

▶ Sprachbuch: Seite 46

Eine Fabel planen und schreiben

◇ **1** Auf dieser Seite kannst du aus Bildern und Textabschnitten selbst eine Fabel planen und schreiben. Betrachte das Bild A und lies den Text B.

A

B Als der Winter kam, hatte die Grille nichts zu essen. Hungernd kam sie zur Ameise und bettelte um eine kleine Speise.

◇◇ **2** Schreibe nun zu Bild A einen passenden Text.

◇ **3** Betrachte Bild C.

C

Wie hast du den Sommer verbracht? Ich habe gearbeitet.

◇◇ **4** Überlege, was die Grille antwortet und schreibe es in die Sprechblase.

◇◇◇ **5** Welche Lehre kannst du aus dieser Fabel ziehen? Schreibe sie auf.

◇◇ **6** Schreibe nun die Fabel mit einer passenden Überschrift in dein Heft.

▸ Sprachbuch: Seite 45

Was kann ich nun?

Teste dich selbst. Bearbeite die folgenden Aufgaben.
Male in die Kreise: Die Aufgabe war leicht ☺, mittel 😐, schwer ☹.

1 Kreuze an, wie der Satz richtig enden muss. ◯

Auf einen kurzen Vokal ◯ folgt ß. ◯ folgt ss.
Auf einen langen Vokal ◯ folgt ß. ◯ folgt ss.

2 Setze **ss** oder **ß** richtig ein. ◯

der Bi____en verge____lich ich wei____

das Gescho____ der Rei____verschluss ich schlie____e ab

3 Trenne die Wörter nach ihren Silben. ◯

putzen – ____________ sie putzten – ____________

blicken – ____________ sie blickten – ____________

4 Setze **der Dachs** im richtigen Fall ein. ◯

____________ kann man nur selten sehen. ____________

lebt in einem Bau. ____________ schmecken Pilze, Früchte

und Insekten. Das Fell ____________ ist an der Schnauze gestreift.

5 Setze in die Sätze die fehlenden Satzzeichen und die Zeichen der wörtlichen Rede ein. ◯

Die Lehrerin sagt Wir wollen einen Wildpark besuchen

Ein Kind fragt Können wir bei der Fütterung der Wölfe zuschauen

Alle Kinder rufen Oh, toll

6 Stelle die Sätze von Aufgabe 5 so um, dass der Redebegleitsatz hinter der wörtlichen Rede steht. Schreibe die Sätze in dein Heft. ◯

7 Lies den Text und kreuze an, wie es richtig heißen muss: ◯

Die Figuren einer Fabel sind ◯ Feen, ◯ Zwerge, ◯ Riesen, ◯ Menschen und ◯ Tiere. Diese Figuren können ◯ sprechen, ◯ zaubern. Eine Fabel endet ◯ mit einem Witz, ◯ meist mit einer Lehre.

Was kann ich nun?

☐ Lösungen: Seite 79 ▸ Sprachbuch: Seite 49

Einen Text korrigieren

◇ **1** Lisa sucht für den Unterricht Sagen aus ihrer Heimatregion. Im Internet findet sie viele Hinweise. Lies, was Lisa am Computer geschrieben hat:

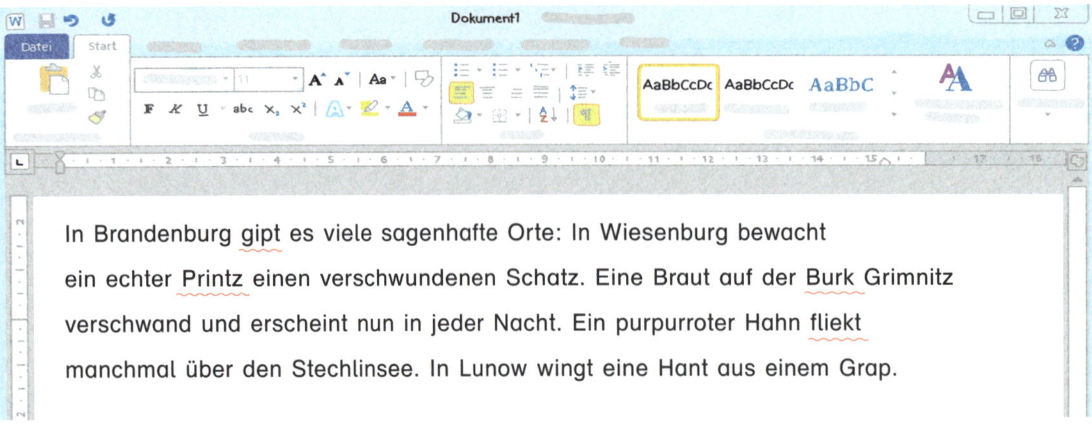

◇◇ **2** In Lisas Text haben sich Fehler eingeschlichen. Einige sind rot unterkringelt. Berichtige die Fehler und begründe:

gibt – kommt von geben, da hört man ein b

Prinz – ein tz steht nur nach einem Vokal

B

f

◇◇ **3** Finde noch drei weitere Fehler und berichtige diese wie in Aufgabe 2.

◇ **4** Schreibe den korrigierten Text in dein Heft oder am Computer.

▶ Sprachbuch: Seite 58

Fremdwörter üben

Merksatz

Viele Wörter, die wir benutzen, haben wir aus anderen Sprachen übernommen. So kommt zum Beispiel ***Jeans*** aus dem Englischen, ***Joghurt*** aus dem Türkischen und ***Diktat*** aus dem Lateinischen.

1 Was gehört zusammen? Markiere mit der gleichen Farbe.

der Computer | das Gymnasium | der Laptop | das Shampoo
das Restaurant | die Inlineskates | die Pommes frites | der Chip
das Mountainbike | das Trikot | die Mathematik | das Museum
programmgesteuerte elektronische Rechenmaschine | Rollschuhe
tragbarer Computer | Gasthaus | Haarwaschmittel | Datenträger
in Öl gebackene Kartoffelstäbchen | zum Abitur führende Schule
Wissenschaft der Raum- und Zahlengrößen | Ausstellungsort
Sportoberbekleidung | Geländefahrrad

2 Schreibe einige Fremdwörter mit ihrer Bedeutung auf:

der Computer – programmgesteuerte elektronische Rechenmaschine.

Richtig schreiben

▸ Sprachbuch: Seite 59
⤓ Lernsoftware: Nr. 23

Wörter mit und ohne Dehnungs-h merken

Merksatz

Manchmal folgt auf einen **langen Vokal** ein **Dehnungs-h**.
Dieses **h** kann aber nur vor den **vier Konsonanten l, m, n, r** stehen.
Man kann das **Dehnungs-h** beim Sprechen nicht hören.

1 Ordne die Wörter richtig zu und unterstreiche den Wortstamm.

~~zählen~~ Rahmen wohnen Einführung führen einrahmen Zahl bewohnen Bezahlung entführt eingerahmt verzählen Wohnung gezählt entrahmt ausführlich gewohnt

hl: zählen, ____________________

hm: ____________________

hn: ____________________

hr: ____________________

Merksatz

Manche Wörter mit **l, m, n, r** haben kein **Dehnungs-h**.
Beginnt ein Wort mit einem **T/t** oder mit einem **Sch/sch**,
wird das Wort **ohne Dehnungs-h** geschrieben.

2 Mit oder ohne **h**? Schreibe die Wortpaare richtig auf.
Beachte dabei beide Merksätze!

ste▢len	schä▢len	Schwa▢n	Ba▢n
To▢r	O▢r	ne▢men	schä▢men
Za▢l	Ta▢l	Schü▢ler	Fü▢ler
scho▢nen	wo▢nen	Ma▢sern	fa▢ren

3 Markiere in den Wörtern die Stellen, an denen du erkannt hast, ob man sie mit oder ohne **Dehnungs-h** schreibt.

▸ Sprachbuch: Seite 60
⤓ Lernsoftware: Nr. 25

Wörter mit silbentrennendem h schreiben

Merksatz

Wenn bei zwei Silben **zwei Vokale** aufeinandertreffen,
dann setzt man meistens ein **h** dazwischen: *blü-h-en.*
Dieses **h** kann man beim deutlichen Sprechen hören.
Es bleibt bei gebeugten Formen der Wörter erhalten: *sie blüht.*

◇ **1** Ordne die Verben in die Tabelle und ergänze die fehlenden Formen.

Infinitiv	Infinitiv mit Trennstrich	gebeugte Form
blühen	blü-hen	sie blüht
gehen		

~~sie blüht~~ · ~~gehen~~ · sehen · sie steht · sie näht · wehen

◇ **2** Unterstreiche die Vokale in jedem Verb, die vor und nach dem **h** stehen.

◇◇ **3** Schreibe zu jedem Nomen (Substantiv) die Einzahl (den Singular) auf.

~~die Kühe~~ · die Schuhe · die Rehe · die Zehen

die Kühe – die Kuh,

◇◇ **4** Setze im Text die Wörter vom Rand in der richtigen Form ein.

sehen · Kühe · stehen · Rehe · gehen · Schuhe · drehen · Rehe

Auf einem Feld am Waldrand ________ Sarah eine ________.

Daneben ________ doch tatsächlich ein ________.

Sarah ________ näher heran.

Doch da tritt sie mit dem ________ auf einen trockenen Ast.

Sofort ________ sich das ________ um und rennt in den Wald.

Richtig schreiben

▸ Sprachbuch: Seite 61-62
⤓ Lernsoftware: Nr. 12

Das Subjekt ermitteln

Merksatz

Alle Sätze enthalten ein **Subjekt** und ein Prädikat.
Das **Subjekt** kann man mit der Frage **Wer** oder **was?** erfragen:
Wer oder was wartet? – ***Die Eltern*** *warten.*
Wer oder **was** beginnt? – ***Das Theaterstück*** *beginnt.*

◇ **1** Lies die Sätze.

Gestern kamen alle Eltern in die Schule.
Sie brachten Kuchen und Getränke mit.
Auf dem Hof fand unser Schulfest statt.
In der Aula sorgte die Schülerband für Stimmung.
Zum Schluss halfen wir dem Hausmeister beim Aufräumen.

◇◇ **2** Schreibe zu jedem Satz die Frage nach dem Subjekt auf.
Schreibe so: *Wer oder was kam gestern in die Schule? – alle Eltern*

____

____

____

____

____

____

◇◇ **3** Unterstreiche in den Sätzen von Aufgabe 1 die Subjekte einmal und die Prädikate zweimal.

◇◇ **4** Bilde aus den Satzgliedern drei Sätze und schreibe zu jedem Satz einen Fragesatz in dein Heft.

gestalten	~~Sophie und Tim~~	Werbeflyer
sammeln	ein anderes Team	Produktideen
kopieren	Frau Wagert	die Blätter

Satz: *Sophie und Tim ...* ______________________________ .

Frage: *Wer oder was ...* ______________________________ ?

Sprache untersuchen

▸ Sprachbuch: Seite 63
⤓ Lernsoftware: Nr. 42

Die Objekte ermitteln 1

Merksatz

In vielen Sätzen kommen **Objekte** (Ergänzungen) vor.
Mit der Frage **Wen** oder **was?** kann man das **Akkusativ-Objekt (AO)** erfragen:
Wen *oder* ***was*** *vermisst Leo? Leo vermisst* ***seinen Freund.*** *(AO)*
Wen *oder* ***was*** *schreibt er? Er schreibt* ***einen Brief.*** *(AO)*
Mit der Frage **Wem?** kann man das **Dativ-Objekt (DO)** erfragen:
Wem *schreibt Leo? Leo schreibt* ***seinem Freund.*** *(DO)*

◇ **1** Lies die Sätze.

In der Deutschstunde
Die Kinder hören Leon zu.

Wem hören die Kinder zu? – Leon ______ (DO)

Er stellt seinen Comic vor.

Wen oder was stellt er vor? – seinen Comic ______ (AO)

Leon zeichnet immer seine Träume auf.

______ (   )

Die Comics gefallen den Kindern.

______ (   )

Letzte Nacht begegnete ihm ein Monster.

______ (   )

Es wollte dem Jungen etwas schenken.

______ (   )

Doch Leon bekam Angst.

______ (   )

Er lief dem großen Wesen davon.

______ (   )

Da weckte die Mutter Leon auf.

______ (   )

◇◇ **2** Alle markierten Satzglieder sind Objekte. Schreibe die Frage nach dem Objekt im ganzen Satz auf. Trage am Rand ein, ob es sich um ein Akkusativ-Objekt (AO) oder ein Dativ-Objekt (DO) handelt.

Sprache untersuchen

▸ Sprachbuch: Seite 64
⤓ Lernsoftware: Nr. 43

Die Objekte ermitteln 2

◇ **1** Lies die Sätze.

Die Kinder lesen ein Buch.
Es gefällt allen gut.
Sie entdecken viele Bilder.
Ein Rätsel können die Kinder nicht lösen.
Jonas hilft ihnen.
Er gibt den Kindern einen Tipp.
Jonas darf allen das Rätsel erklären.
Die Kinder wollen es nun den Eltern vorlesen.

◇◇ **2** In jedem Satz stehen ein oder zwei Objekte.
Stelle zu den Objekten Fragen.
Unterstreiche die Objekte unterschiedlich.

Wen oder was lesen die Kinder? (AO)

Wem

◇◇ **3** Bilde mit den Objekten und den Prädikaten eigene Sätze.
Die Subjekte und die anderen Satzglieder musst du dir selbst ausdenken.

gefällt – mir | leihen – ein Buch | überraschen – ihn

Sprache untersuchen

▸ Sprachbuch: Seite 64
⤓ Lernsoftware: Nr. 43

Sätze mit Subjekt, Prädikat und anderen Satzgliedern bilden

◇ **1** Bilde Quatschsätze aus dem Elfenland.
Wähle dir aus jeder Spalte ein Satzglied aus.

Subjekt	Prädikat	Dativ-Objekt	Akkusativ-Objekt
~~der Gnom~~	~~gibt~~	dem Mäuslein	ein neues Fell
der Hexenmeister	leiht	der Meerjungfrau	ein Stück Schokolade
ein Einhorn	kauft	~~dem hässlichen Zwerg~~	einen rostigen Schlüssel
ein Flötenspieler	liefert	der Fee	eine Krone
eine weise Eule	sendet	dem kleinen König	~~eine alte Kiste~~
die weiße Krähe	schenkt	dem Schmetterling	einen Tautropfen

Der Gnom gibt dem hässlichen Zwerg eine alte Kiste.

◇◇ **2** Stelle zwei deiner Sätze um
und markiere alle Satzglieder unterschiedlich.

Sprache untersuchen

Eine Sage kennenlernen

Merksatz

In einer **Sage** kommen **Orte** vor, die es tatsächlich einmal gab oder noch gibt, wie Landschaften, Burgen und geheimnisvolle Felsen,

Menschen, die es einmal gab, wie Grafen, Handwerker, Bauern oder **Fantasiewesen** wie Zwerge, Riesen oder gar der Teufel.

Sagen enden oft damit, dass böses Verhalten bestraft wird. Gutes Verhalten wird meist belohnt.

◇ **1** Lies die Sage.

Der Gollen auf Usedom

In alten Zeiten lebte auf der Insel Usedom ein geiziger Fürst, der nur eine einzige Tochter und viele Schätze hatte. Er wollte die Prinzessin nicht verheiraten, um von seinen Schätzen nichts abgeben zu müssen. All ihre Verehrer wies er zurück. Als der Fürst endlich starb, war auch die Prinzessin alt und hässlich geworden. Deshalb wartete sie vergebens auf einen Ehemann. Zuletzt erschien aber ein mächtiger Zauberer, der sie heiraten wollte. Doch weil er grässlich aussah, mochte sie ihn nicht. Darüber ärgerte sich der Zauberer und verwandelte das Schloss der Prinzessin mit ihren Schätzen aus Gold in einen riesigen Berg. Dieser goldene Berg erhielt von da an den Namen Gollen. Noch heute kann man von dort oben weit über das Land schauen und drinnen hockt die Prinzessin und hütet ihre Schätze.

nach: Die Volkssagen von Pommern und Rügen, J. D. H. Temme, Berlin 1840, Nr. 172

◇ **2** Markiere in der Sage Orte, die es einmal gab oder noch gibt.

◇ **3** Schreibe die Figuren auf, die in der Sage vorkommen.

____

◇◇ **4** Welche besondere Situation tritt auf? Was passiert?

____

____

Wie endet die Sage?

____

Texte verfassen

▸ Sprachbuch: Seite 66, 67

Eine Sage mit dem roten Faden schreiben

1 Sammle Ideen für deine eigene Sage.
Du kannst dich auch über eine Sage aus deiner Region informieren.

2 Schreibe Stichwörter für deine eigene Sage in den roten Faden.

Um wen oder was geht es?

An welchem Ort spielt die Sage?

Welche besonderen Situationen treten auf?

Was passiert mit diesen Personen oder Wesen?

Wie endet die Sage?

3 Schreibe mithilfe der Stichpunkte deine Sage auf.
Denke auch an eine passende Überschrift!

▸ Sprachbuch: Seite 66, 67

Texte überarbeiten: Schreibkonferenz

◇ **1** Hier hat ein Kind die Sage vom Gollen auf Usedom nacherzählt.
Lies den Text.

Immer „er"! Setz doch mal was anderes ein: der Fürst, ihr Vater …

Sagen werden doch im Präteritum geschrieben!

Das Adjektiv „gruselig" finde ich prima.

Vor langer Zeit lebte ein geiziger Fürst.
Er hatte nur eine einzige Tochter und viele Schätze.
Er verheiratete die Prinzessin nicht,
weil er nichts von seinem Gold abgeben wollte.
Er schickte alle Männer weg.
Als der Fürst starb,
war auch die Prinzessin alt und hässlich.
Deshalb bekam sie keinen Ehemann.
Zuletzt will ein Zauberer sie heiraten.
Doch weil er gruselig aussieht, mag sie ihn nicht.
Darüber ärgerte sich der Zauberer.

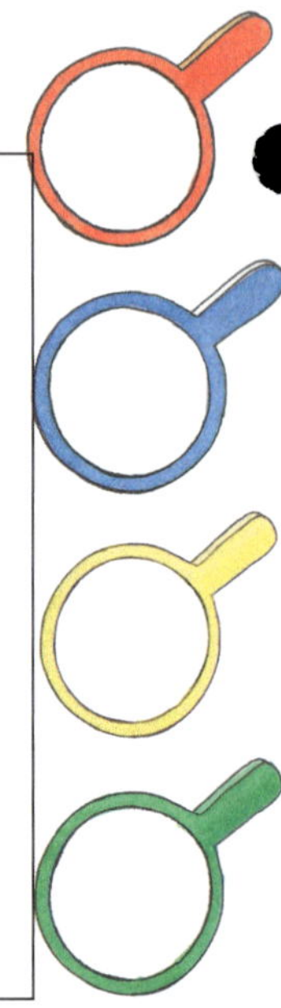

Und was macht der Zauberer dann? Wie endet die Sage?

◇ **2** Marie hat begonnen, den Text zu überarbeiten. Lies ihre Tipps.

◇◇ **3** Ergänze deine Verbesserungsvorschläge in dem Kasten.
Du kannst die Textlupen benutzen.

◇◇ **4** Schreibe die überarbeitete Sage in dein Heft.
Beachte alle Verbesserungsvorschläge!

▶ Sprachbuch: Seite 68

Was kann ich nun?

Teste dich selbst. Bearbeite die folgenden Aufgaben.
Male in die Kreise: Die Aufgabe war leicht ☺, mittel 😐, schwer ☹.

1 Setze beim Abschreiben die fehlenden Wörter ein.

Lars hat einen neuen  bekommen.

____

Gleich sause ich mit meinen  los.

____

2 Mit **h** oder ohne **h**? Schreibe die Wortgruppen richtig auf.

die U-Ba_n – der junge Schwa_n

____

der schiefe To_n – der große So_n

____

sich schä_men – den Bus ne_men.

____

3 Markiere in den Wörtern die Stellen, an denen du erkannt hast, ob sie mit oder ohne Dehnungs-h geschrieben werden.

4 Schreibe die Verben in der gebeugten Form mit **er** oder **es** auf:

glühen   sehen   fliehen   ruhen

____

5 Trage zu jedem Satz in die Kästen ein, um welches Objekt es sich handelt: Akkusativ-Objekt (AO) oder Dativ-Objekt (DO)?

Ein verliebter Riese sucht seinen Spiegel.
Er möchte einer zarten Elfe gefallen.
Der Riese schreibt dem hübschen Wesen einen Brief.
Sie schickt ihm eine duftende Blume.

☐ Lösungen: Seite 81

▸ Sprachbuch: Seite 73

Wörter üben

~~vorfahren~~ Erzählung Luftpumpe fettig flitzen verdecken rennen
Verkleidung beenden Fahrrad friedlich Zeugnis vorlesen

1 Schreibe die Wörter mit Trennstrichen auf.

vor-fah-ren,

2 Schreibe alle Verben ab. Markiere den Wortstamm:

vorfahren,

3 Schreibe die Verben in der gebeugten Form mit **er** im Präsens, Präteritum und im Perfekt auf:

er fährt vor, er fuhr vor, er ist vorgefahren

4 Ordne die Wörter nach dem Alphabet.

Richtig schreiben

▸ Sprachbuch: Seite 82

Wörter mit den Wortbausteinen Ver-/ver- und Vor-/vor- bilden

◇ **1** Bilde mit den Vorsilben **ver-** und **vor-** Verben. Schreibe sie geordnet auf.

ver-	~~suchen~~	rechnen	nehmen	stecken
vor-	fahren	lassen	legen	handeln

Verben mit **ver-**: versuchen, ______________________________

____

Verben mit **vor-**: ______________________________

____

◇◇ **2** Schreibe zu diesen Nomen (Substantiven) ein verwandtes Wort mit derselben Vorsilbe auf.

Verdacht: verdächtig ______ Vorbereitung: ______________

Verlängerung: ______________ Vorsicht: ______________

Verwarnung: ______________ Vortrag: ______________

◇◇ **3** Setze **Ver-/ver-** oder **Vor-/vor-** so in die Lücken ein, dass ein passendes Wort entsteht.

Bei einem Fußballspiel gibt es manchmal eine ______längerung.

______sicht, der Boden ist rutschig!

Unsere Eltern sind für uns ______antwortlich.

Du musst nicht rückwärts sondern ______wärts fahren.

Das hättest du dir ______her überlegen sollen.

Du hast das T-Shirt ______kehrt herum angezogen.

◇◇ **4** Schreibe Sätze mit diesen Wörtern in dein Heft.

verlesen vorlesen vertragen vortragen

▶ Sprachbuch: Seite 83
⤓ Lernsoftware: Nr. 21

Adjektive mit den Wortbausteinen -ig, -lich, -isch bilden

Merksatz

Viele Adjektive enden auf **-ig**, **-lich** oder **-isch**:
schwierig, feindlich, stürmisch.
Wenn man die Adjektive **verlängert**, kann man die Endung besser hören: *schwierige, feindliche, stürmische.*

1 Bilde aus den Wörtern und Bildwörtern Adjektive mit **-ig**, **-lich** oder **-isch**.

~~Neugier~~ Gefahr Neid Durst Tag
Freund Himmel Sturm Schmutz Feind

Adjektive mit **-ig**: *neugierig,* ______________________

____

Adjektive mit **-lich**: ______________________

____

Adjektive mit **-isch**: ______________________

____

2 Schreibe mit den Adjektiven von Aufgabe 1 Wortgruppen in dein Heft: *das neugierige Kind, ...*

3 Die folgenden Adjektive werden mit der Endung **-ig** gebildet, obwohl man beim Sprechen ein **lich** hört: hügel**ig**.
Das **l** gehört jedoch zum Nomen (Substantiv) – Hüge<u>l</u> – und nicht zum Wortbaustein **-lich**. Bilde aus den Substantiven Adjektive.

~~Hügel~~ Ekel Grusel Schwindel Kugel Pickel Stachel

hügelig, ______________________

____

4 Setze passende Adjektive in die Lücken ein. Die Wörter am Rand helfen dir.

Laura ist ein ______________ Mädchen.

Am Meer ist ein ______________ Strand.

Sport
Stein

Richtig schreiben

▸ Sprachbuch: Seite 83
⤓ Lernsoftware: Nr. 22

Nomen (Substantive) mit den Wortbausteinen -ung, -heit, -keit, -nis, -schaft bilden

◇ **1** Markiere im Suchsel je ein Nomen (Substantiv) mit **-ung**, **-heit**, **-keit**, **-nis** und **-schaft**.

B	R	A	P	F	R	E	I	H	E	I	T	S	N
H	I	I	B	E	R	L	E	B	N	I	S	R	U
U	X	N	M	R	E	T	T	U	N	G	I	S	E
O	D	A	N	K	B	A	R	K	E	I	T	E	U
V	E	R	W	A	N	D	T	S	C	H	A	F	T

◇◇ **2** Schreibe zu jedem Nomen (Substantiv) ein verwandtes Verb oder Adjektiv auf.

Freiheit – frei

_____ – _____

_____ – _____

_____ – _____

_____ – _____

Merksatz

Viele Nomen (Substantive) kann man an **Wortbausteinen** am Ende eines Wortes erkennen:
-ung: Entschuldigung **-heit:** Klugheit **-keit:** Höflichkeit
-nis: Hindernis **-schaft:** Verwandtschaft
Wörter mit diesen **Wortbausteinen** werden **großgeschrieben**.

◇◇ **3** Bilde aus den Wörtern Nomen (Substantive) mit den Endungen **-ung**, **-heit**, **-keit**, **-nis** oder **-schaft**. Schreibe sie geordnet auf.

~~werben~~ schön möglich finster Mann begründen hindern Freund sicher tapfer dumm zuverlässig untersuchen erlauben Meister

-ung: Werbung,

-heit: _____

-keit: _____

-nis: _____

-schaft: _____

▸ Sprachbuch: Seite 84
⤓ Lernsoftware: Nr. 30

Sprache untersuchen

Nomen (Substantive) mit Verben oder Adjektiven zusammensetzen

Merksatz

Wenn du aus einem **Verb** und einem **Nomen** (Substantiv) ein **zusammengesetztes Nomen** (Substantiv) bildest, musst du etwas weglassen: *laufen + die Schuhe = die Laufschuhe*
hängen + die Matte = die Hängematte

1 Welche zusammengesetzten Nomen (Substantive) sind gemeint?

Einen Sack, in dem man schlafen kann, nennt man ____________________.

Eine Wand, an der man klettern kann, nennt man ____________________.

Ein Blech, das vor Schmutz schützt, ist ein ____________________.

2 Zerlege die zusammengesetzten Nomen (Substantive).

die Rennbahn: ~~rennen~~ + die Bahn

die Badewanne: ____________ + ____________

das Spülbecken: ____________ + ____________

3 Streiche in den Verben von Aufgabe 2 den Teil durch, der beim Zusammensetzen wegfällt.

Merksatz

Du kannst auch aus einem **Adjektiv** und einem **Nomen** (Substantiv) ein **zusammengesetztes Nomen** (Substantiv) bilden:
klein + der Wagen = der Kleinwagen

4 Setze die Adjektive und die Nomen (Substantive) zusammen.

alt + das Papier | hoch + das Haus | faul + das Tier

____

5 Zerlege die zusammengesetzten Nomen (Substantive) in deinem Heft:
die Rundfahrt: rund + die Fahrt, ...

~~die Rundfahrt~~ der Buntstift das Falschgeld der Grünschnabel

Sprache untersuchen

▶ Sprachbuch: Seite 85
⤓ Lernsoftware: Nr. 20

Verben zu Wortfeldern zusammenstellen

Merksatz

Wörter, die etwas Ähnliches bedeuten, gehören zu einem **Wortfeld**.
Zum Wortfeld **sprechen** gehören: *reden, rufen, sagen, ...*
Zum Wortfeld **fahren** gehören: *sausen, tuckern, rollen, ...*

1 Immer drei vier Verben gehören zum gleichen Wortfeld. Ordne sie richtig zu.

speisen kichern überlegen grübeln schmunzeln ernähren
planen naschen gackern abwägen schmausen grinsen

essen: ______

denken: ______

lachen: ______

2 Lies den Text und setze das passende Verb aus dem Wortfeld **sehen** ein.

blinzeln besichtigen nachsehen glotzen beobachten

Ich muss im Wörterbuch ______. Wir ______ ein Museum. Bei starkem Sonnenschein muss ich ______.

______ mich nicht so an! Ich fühle mich ______.

3 Ordne die Verben des Wortfeldes **gehen** in die richtige Spalte ein.

schnell gehen	langsam gehen
______	______
______	______
______	______

rennen schlendern
bummeln flitzen
schleichen rasen

4 Setze in die Lücken ein passendes Verb aus dem Wortfeld **gehen** ein.

Die Kinder ______ um die Wette.

Wir ______ gemütlich durch den Wald.

Die Diebe ______ vorsichtig um das Haus.

▸ Sprachbuch: Seite 86
⤓ Lernsoftware: Nr. 3, 36

Zeitformen anwenden 1

Merksatz

Verben können in verschiedenen **Zeitformen** stehen:

im **Präsens**:	*ich reite*	*ich wasche mich*
im **Präteritum**:	*ich ritt*	*ich wusch mich*
im **Perfekt**:	*ich bin geritten*	*ich habe mich gewaschen*

1 Ordne den Verben im Präteritum den Infinitiv zu:

~~wissen~~ haben geben geschehen tun nehmen dürfen kommen

ich wusste – *wissen* ______ er hatte – ______

er gab – ______ es geschah – ______

es tat – ______ sie nahm – ______

er kam – ______ er durfte – ______

2 Vervollständige die Tabelle. Du kannst mit dem Wörterbuch arbeiten.

Präsens	Präteritum	Perfekt
ich fahre	*ich fuhr*	*ich bin gefahren*
er ______	er ______	er hat gegeben
wir gehen	wir ______	wir ______
ihr ______	ihr kamt	ihr ______
sie ______	sie ______	sie hat genommen
er ______	er tat	er ______
du ______	du warst	du ______
sie ______	sie ______	sie hat gehabt

3 Schreibe die Infinitive dieser Verbformen auf:

ich bin gerannt – *rennen* ______ wir haben geschrien – ______

du hast gekannt – ______ ihr seid geritten – ______

er ist geschlichen – ______ sie haben gestritten – ______

Sprache untersuchen

▶ Sprachbuch: Seite 87–88
⤓ Lernsoftware: Nr. 37–39

Zeitformen anwenden 2

Merksatz

Das **Präsens** verwenden wir, wenn wir über etwas **sprechen** oder **schreiben**, was gerade – in der **Gegenwart** – geschieht.
Das **Präteritum** verwenden wir meistens dann, wenn wir über etwas **Vergangenes schreiben**.
Das **Perfekt** verwenden wir meistens dann, wenn wir über etwas **Vergangenes sprechen**.

1 Setze die Verben in den Zeitformen ein, die am Rand stehen.

Liebe Melina,

gestern ______ ich mich mit Pia
und Nino ______.
Die beiden ______ nur italienisch.
Aber beim Tretbootfahren ______
wir uns doch ______.
Manchmal ______ Nino „a sinistra“
und da ______ ich nach links ______.
Und wenn Pia „a destra“ ______,
______ ich nach rechts ______.
Das ______ ganz einfach,
denn sie ______ es mir immer.
So ______ ich die ersten italienischen
Wörter ______. Heute Nachmittag
______ wir uns wieder treffen. Dann
______ wir zusammen ______ gehen.
Ich ______ dir nach unserem Urlaub, ob ich
noch mehr Wörter ______ ______.

Bis bald deine Hannah

treffen (Perfekt)
sprechen (Präsens)

verstehen (Perfekt)
sagen (Präteritum)
lenken (Perfekt)
sagen (Präteritum)
lenken (Perfekt)
gehen (Präteritum)
zeigen (Präteritum)
lernen (Perfekt)
wollen (Präsens)
baden (Futur)
berichten (Präsens)
lernen (Perfekt)

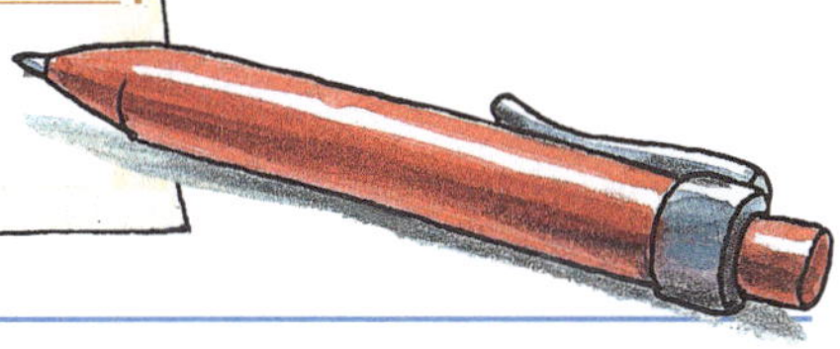

▸ Sprachbuch: Seite 87–88
⤓ Lernsoftware: Nr. 37–39

Eine Geschichte nach Bildern planen ...

Planen

◇◇ **1** Mit dieser Bildergeschichte kann man unterschiedliche Geschichten schreiben.

Schau dir die Bilder an und plane deine Geschichte:
Schreibe deine Ideen in Stichworten auf.

Wie sollen die Kinder heißen? ______________________________

Was passiert in der Geschichte?

____

____

Was denken und fühlen die Kinder?

____

____

Wie kann die Geschichte enden?

____

____

____

▸ Sprachbuch: Seite 89

... schreiben und überarbeiten

Schreiben

2 Schreibe nun deine Geschichte auf. Benutze dabei deine Planung. Überlege dir am Schluss eine passende Überschrift.

Vorschläge zur Verbesserung

Überarbeiten

3 Lies dir deine Geschichte leise selbst vor.
Diese Fragen können bei der Überarbeitung helfen:

a. Macht die Überschrift neugierig?
b. Sind alle wichtigen Inhalte aufgeschrieben?
c. Habe ich treffende Verben und Adjektive verwendet?
d. Sind die Satzanfänge abwechslungsreich?
e. Habe ich vollständige Sätze geschrieben?
f. Ist die Geschichte verständlich?

▶ Sprachbuch: Seite 89

Einen Unfallbericht schreiben

◇ **1** Lies die Merksätze für einen guten Bericht.

Merksatz

Diese Punkte solltest du in einem Bericht beachten:
- ☐ **Wann und wo** ist es passiert? **Wer** war beteiligt? **Was** ist **passiert**? **Was** waren die **Folgen**?
- ☐ Benutze **treffende Verben**.
- ☐ Verwende keine wörtliche Rede.
- ☐ Schreibe **sachliche**, **kurze Sätze** aus Sicht einer anderen Person.
- ☐ Äußere keine Gefühle oder deine Meinung.

◇◇◇ **2** Schreibe mithilfe dieser Stichpunkte einen Unfallbericht.

Wann?	19. September
Wo?	Berlin, Parkallee, Richtung Schwimmbad
Wer?	Junge auf Fahrrad, Fahrerin eines blauen Autos
Was ist passiert?	Autofahrerin achtet nicht auf Rechts-vor-Links-Regel, Radfahrer macht Vollbremsung, vermeidet Zusammenstoß, verliert Gleichgewicht, stürzt auf Straße, Autofahrerin hält an, ruft Notarzt
Was waren die Folgen?	Krankenhaus, rechter Arm gebrochen

◇◇◇ **3** Lies dir deinen Bericht noch einmal durch.
Prüfe, ob du alle Kriterien für einen guten Bericht beachtet hast.
Hake die einzelnen Punkte im Merkkasten ab.

▶ Sprachbuch: Seite 90
⤓ Lernsoftware: Nr. 5

Was kann ich nun?

Teste dich selbst. Bearbeite die folgenden Aufgaben.
Male in die Kreise: Die Aufgabe war leicht ☺, mittel 😐, schwer ☹.

1 Setze die Wörter sinnvoll in die Wortgruppen ein.

vertragen   vortragen   Vertrag   Vortrag

einen ______________ halten, ein Gedicht ______________,

sich nach einem Streit ______________, einen ______________ unterschreiben

2 Bilde aus den Nomen (Substantiven) Adjektive mit den Endungen **-ig**, **-lich** oder **-isch**. Setze sie passend in die Lücken ein.

Regen   Glück   Dreck

der ______________ Sieger

das ______________ Auto

der ______________ Tag

3 Bilde aus den Verben und Adjektiven Nomen (Substantive) mit bestimmtem Artikel mit den Endungen: **-ung**, **-heit**, **-keit**, **-nis** oder **-schaft**.

schön   verwandt   möglich   hindern   retten

____

____

4 Welche zusammengesetzten Nomen (Substantive) sind gemeint? Schreibe auf.

 ______________  ______________

5 Welche Verben gehören zum Wortfeld **fahren**? Schreibe sie auf.

radeln   flüstern   sausen   rollen   sich äußern   reden   rufen   rasen

fahren: ____

6 Vervollständige die Tabelle.

Infinitiv	Präsens	Präteritum	Perfekt
fahren	du ______________	du ______________	du ______________
kommen	er ______________	er ______________	er ______________

Wörter mit ä und äu ableiten

Merksatz

Zu Wörtern mit **ä** oder **äu** findet man meist verwandte Wörter mit **a** oder **au**:
Plätzchen – Platz, glänzen – Glanz
räumen – Raum, Mäuse – Maus.

1 Bilde die Mehrzahl (den Plural) der Nomen (Substantive).

Arzt	– Ärzte	Raum	– ______
Kamm	– ______	Pass	– ______
Traum	– ______	Angst	– ______
Apfel	– ______	Nagel	– ______
Bank	– ______	Schrank	– ______

2 Markiere die acht Wörter mit **ä** oder **äu** im Suchsel.

3 Schreibe die Wörter aus dem Suchsel auf und finde jeweils ein verwandtes Wort. Achte dabei auf die Groß- und Kleinschreibung!

U	N	G	E	F	Ä	H	R	U
S	R	E	G	L	X	Y	S	E
G	I	W	V	Z	Ä	U	N	E
Ä	L	Ä	R	Ä	U	B	E	R
N	S	C	H	Ä	U	M	E	N
S	C	H	Ä	R	F	E	P	G
E	Q	S	X	O	T	Z	T	I
G	E	B	Ä	U	D	E	L	N

ungefähr – Gefahr, ______

______

______

______

______

4 Diese Wörter musst du dir merken.
Schreibe mit jedem Wort einen Satz in dein Heft.

nämlich ärgern Mädchen hässlich spät dämlich krächzen kläffen

Richtig schreiben

▸ Sprachbuch: Seite 103
⤓ Lernsoftware: Nr. 17, 18

Wortmuster erkennen

Merksatz

Alle Wörter haben einen Wortstamm.
Diese Wortbausteine kann man an den **Wortstamm** anfügen:

- Vorsilben (*ge-, ver-, ent-, auf-, ab-, …*) ge- heim
- Nachsilben (*-ung, -heit, -lich, …*) heim -lich
- Endungen (*-t, -en, -st, …*)

1 Trage die Wortbausteine der Wörter in die Baupläne ein.

Abflug

Magnetfeld

gefährlich

drehen

2 Finde für jeden Bauplan von Aufgabe 1 ein eigenes Beispiel.

3 Welches Wort passt zu welchem Bauplan? Verbinde.

Landung
abfliegen
Raumschiff
Versteck

4 Zeichne für diese Wörter Baupläne.

Geheimnis	strömen	unklar
Flugbahn	magnetisch	Mondlandung

▶ Sprachbuch: Seite 104
⤓ Lernsoftware: Nr. 19

Besondere Verben kennenlernen: Modalverben

Merksatz

Verben wie *müssen, mögen, sollen, wollen,*
können und *dürfen* treten in einem Satz häufig nicht allein auf.
Sie werden von einem **anderen Verb im Infinitiv** (Grundform) begleitet.
Diese Verben heißen **Modalverben**.
Paul ***muss*** *noch eine Eintrittskarte* ***kaufen****.*

1 Unterstreiche in den Sätzen die Modalverben und die Verben im Infinitiv.

Die Außerirdischen wollen zum Mars reisen. Brutus soll das Ufo fliegen. Sie müssen einen Umweg machen. „Darf ich kurz auf dem Mond landen? Dann können wir unsere Nachbarn besuchen."

2 Bilde mit den Wörtern Sätze. Du musst das Modalverb beugen.

Mutti | ich | helfen | mögen | beim Spülen

Ich möchte Mutti beim Spülen helfen.

mein Vater | müssen | aufpassen | beim Kochen

____

ein Abenteuer | du | können | erleben

____

mich | dürfen | besuchen | Tim

____

nichts | mögen | ich | trinken

____

3 Was bedeuten diese Schilder?
Schreibe Sätze, in denen Modalverben vorkommen.

 Hier darf man reiten.

 ______________________________

 ______________________________

Sprache untersuchen

▸ Sprachbuch: Seite 105

Präpositionen verwenden

Merksatz

Wörter wie *an, auf, bei, durch, für, hinter, in, mit, nach, neben, ohne, um, unter, von, zu* nennt man **Präpositionen**. Nach den meisten Präpositionen stehen **Nomen** (Substantive) oder **Pronomen**
- im **Akkusativ**: *durch den Park, in das Weltall, ohne uns,*
- im **Dativ**: *hinter dem Bus, aus dem Weltall, mit euch.*

1 Setze die Präpositionen aus dem Kasten ein.

Notlandung ________ einem Wald

Nils und Emma machten einen Ausflug ________ den Wald. Sie entdeckten ________ einem Baum einen großen runden Gegenstand. Als sie ihn berührten, stieg ein grünes Männchen ________ dem Fundstück. „Das ist ein Außerirdischer“, sagte Emma ________ ihrem Freund. „Meinst du, wir müssen Angst ________ ihm haben?“, fragte Nils leise. „Ich gehöre ________ einer friedlichen Gruppe, keine Sorge!“, bemerkte das Männchen. Es setzte sich ________ einen Baum und erzählte den Kindern, dass es Streit ________ seinen Freunden hatte. „Deshalb bin ich ________ meinem Heimat-planeten Streifus weggeflogen. Doch da bekam ich Heimweh. Ich wollte wieder ________ meiner Familie, aber der Motor ________ meinem Ufo ging kaputt. Ich musste ________ euch notlanden,“ erklärte das traurige Männchen. „Du kannst ________ unserer Hilfe rechnen. Ich kann dein Raumschiff ________ ein paar Handgriffen reparieren,“ versprach Nils.

Emma holte das nötige Werkzeug ________ Vaters Garage. Gemeinsam brachten sie das Ufo wieder ________ Ordnung. „Vielen Dank! Ich hätte es ________ euch nicht geschafft.“ Das Männchen verabschiedete sich ________ den Kindern.

in
in
neben
auf
aus
bei
mit
mit
mit
von
von
vor
zu
zu
zu

Sprache untersuchen

▸ Sprachbuch: Seite 106

Ortsbestimmungen erkennen

Merksatz

Die **Ortsbestimmung** ist ein Satzglied, das man mit den Fragewörtern **wo, woher, wohin** bestimmen kann:
Neil Armstrong stand als erster Mensch auf dem Mond.
Wo** stand Neil Armstrong als erster Mensch? – **auf dem Mond

1 Unterstreiche die Ortsangaben in den Sätzen.
Schreibe die Frage nach dem Ort auf.

Die Rakete landete auf dem Planeten Merkur. ____________________

Sie kam von der Erde. ____________________

Jedoch sollte sie zum Mars fliegen. ____________________

2 Streiche alle Wortgruppen durch,
die keine Ortsbestimmungen sind.

auf dem Mond	seit dem Start	über dem Kopf
um Mitternacht	neben der Rakete	nach der Reise
am Himmel	vor dem Frühstück	vor dem Haus

3 Schreibe mit den Ortsbestimmungen von Aufgabe 2 einige Sätze.

____

____

____

____

4 Ordne jedem Fragewort die passende Ortsbestimmung zu.

in die Alpen   auf der Straße   aus Erfurt   ins Museum
neben dem Ufo   aus dem All

Wohin?	Wo?	Woher?

Sprache untersuchen

▸ Sprachbuch: Seite 107

Zeitbestimmungen erkennen

Merksatz

Die **Zeitbestimmung** ist ein Satzglied,
das man mit den Fragewörtern **wann, wie oft** und
wie lange bestimmen kann:
Neil Armstrong landete 1969 auf dem Mond.
Wann** landete Neil Armstrong auf dem Mond? – **1969

1 Schreibe zu jedem Satz die passende Frage nach der Zeitbestimmung auf.
Nutze dazu die Fragewörter **wann**, **wie oft** oder **wie lange**.

Galileo Galilei ist ein bedeutender Astronom.
Er wurde am 15. Februar 1564 geboren.

____

Galilei studierte vier Jahre lang Mathematik und Medizin.

____

Im Jahr 1609 baute er das erste Fernrohr nach.

____

Fast jede Nacht beobachtete er den Sternenhimmel.

____

Der Astronom reiste sechsmal nach Rom.

____

Galilei lebte fast 80 Jahre lang.

____

2 Lies die Sätze und unterstreiche die Zeitbestimmungen.

Heute startet eine Rakete zur Raumstation.

Sie wird nur wenige Stunden unterwegs sein.

Der Astronaut war bereits zweimal im Weltall.

Sprache untersuchen

▸ Sprachbuch: Seite 108

Mit Adjektiven vergleichen

Merksatz

Es gibt drei **Vergleichsstufen: Grundstufe, Mehrstufe, Meiststufe.**
Manche Adjektive verändern sich beim Steigern:
groß – größer – am größten, hoch – höher – am höchsten.
Beim Vergleichen gebraucht man die Wörter **wie** und **als**:
so groß wie, größer als.

1 Setze ein und zeichne, was fehlt.

genauso groß wie | größer als | kleiner als | am kleinsten | halb so groß wie | am größten | wie | als

Gamma ist ______________________ Omega.

Alpha ist ______________________ Brutus.

Sinus ist ______________________ Cosinus.

Omega ist ______________________.

Brutus ist ______________________.

Außerdem ist er genau ______________________ Omega.

Aber wie groß ist Mundus? Er ist genauso groß ______________
Alpha, also kleiner ________ Gamma und Omega.

2 Ergänze die Tabelle. Nutze dein Wörterbuch.

Grundstufe	Mehrstufe	Meiststufe
______	besser	______
______	______	am höchsten
______	näher	______

▸ Sprachbuch: Seite 109
⤓ Lernsoftware: Nr. 34

Zeitform Futur anwenden

Merksatz

Mithilfe des **Futurs** kann man beschreiben,
was in der **Zukunft** geschehen wird. Das Futur besteht aus einer Form von **werden** und dem Verb im Infinitiv (Grundform).
*Wir **werden** auf den Mars fliegen.*
*Ich **werde** einen neuen Planeten erforschen.*

◇ **1** Welche der Sätze stehen im Futur? Markiere sie.

Emil besucht seinen Freund.	Emil wird seinen Freund besuchen.
Wir werden heute eine Rakete basteln.	Wir basteln heute eine Rakete.
Sie wird auf unserem Schulhof starten.	Sie startet auf unserem Schulhof.
Unser Lehrer hat uns dabei geholfen.	Unser Lehrer wird uns dabei helfen.

◇◇ **2** Unterstreiche in Aufgabe 1 die Verben im Futur.

◇◇ **3** Schreibe diese Sätze im Futur auf.

Sarah liest ein Buch über Außerirdische.

______

Max schaut eine Sendung über Ufos.

______

Im Unterricht malen wir Planeten.

______

Oma geht mit mir ins Kino.

______

◇◇ **4** Wie stellst du dir deine Zukunft vor? Vervollständige die Sätze im Futur.

Welchen Beruf wirst du haben? *Ich werde später* ______

Wo wirst du wohnen? ______

Was wirst du unternehmen? ______

▸ Sprachbuch: Seite 110

Kommas in Aufzählungen verwenden

Merksatz

Wenn man etwas aufzählt, setzt man zwischen den Ausdrücken ein **Komma**. Vor die Wörter **und** und **oder** setzt man **kein Komma**:
Zu den äußeren Planeten gehören Jupiter, Saturn, Uranus und Neptun.
Wir besuchen die Ausstellung, das Planetarium oder das Raketenmodell.

◇ **1** Lies den Text.

Finns Geburtstagsfeier
Finn hat Ben Mia Emma und Paul zu seinem Geburtstag eingeladen. Zuerst packt er seine Geschenke aus. Er hat zwei Bücher einen Handwerkskasten ein Zauberspiel und viele Buntstifte geschenkt bekommen. Finns Mutter hat für seine Gäste Zitronenkuchen Erdbeertorte Obstspieße und Schokoküsse vorbereitet. Nach dem Essen spielen alle gemeinsam draußen Fußball Federball und Blinde Kuh. Zum Abendessen gibt es Würstchen Kartoffelsalat Tomaten Gurken Paprika und frische Radieschen. Danach schauen alle gemeinsam einen Tierfilm, in dem es um Nilpferde Tiger Giraffen Löwen und Affen geht. Am Abend werden Finns Freunde von ihren Eltern Großeltern oder älteren Geschwistern abgeholt.

◇◇ **2** Setze die fehlenden Kommas ein.

◇◇ **3** Ergänze die Sätze. Zähle immer mehrere Dinge auf.

Ich esse gern ______________________________

____

Meine Lieblingstiere sind ______________________________

____

Meine Freunde heißen ______________________________

____

Ich spiele am liebsten ______________________________

____

____

▸ Sprachbuch: Seite 111
⤓ Lernsoftware: Nr. 44

Texte zusammenfassen

◇ **1** Lies den Text

Eine Brausepulverrakete basteln

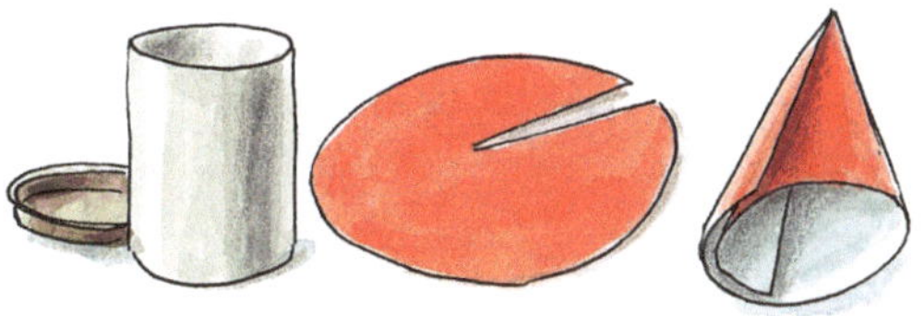

Tim hat heute mit Emma eine richtige kleine Rakete im Garten gebaut. Erst wollte seine Freundin nicht, aber dann hat Tim sie doch zu diesem Experiment überredet. In einer Zeitschrift hatte er schon einmal etwas über diesen Versuch gelesen. Dazu bastelten sie aus einem Papierkreis eine Spitze. Als Raketenkörper benutzten die beiden ein altes Filmdöschen. Zuerst haben sie Tims Mutter danach gefragt, aber sie hatte leider keine Filmdose mehr. Emmas Opa konnte den beiden zum Glück weiterhelfen.
Tim öffnete die Dose und legte den Deckel auf den Tisch. Währenddessen klebte Emma die Spitze an die geschlossene Dosenseite. Das war gar nicht so einfach. Erst war der Kleber leer, dann wollte die Spitze einfach nicht kleben bleiben. Zum Glück hatte Tim eine Idee. Mit Klebeband hielt die Spitze endlich.
Danach holte Emma Wasser aus dem Haus. Beim ersten Versuch stolperte sie über einen Stein, der auf dem Weg lag, und verschüttete das ganze Wasser. Beim zweiten Mal kam der Wasserbecher aber gefüllt bei Tim auf dem Gartentisch an. Tim wollte die Rakete unbedingt selbst starten, aber weil Emma ihn so traurig anschaute, lies er sie den ersten Versuch machen. Vorsichtig schüttete sie Brausepulver in die Dose und gab Wasser dazu. Danach drückte Emma den Deckel wieder auf die Dose. Nun warteten die beiden ab. Einige Zeit passierte nichts. Tim war schon ganz enttäuscht. Dann knallte es plötzlich und die Rakete flog in die Luft. Emma hat sich sogar ein wenig erschrocken. Am Ende waren beide glücklich, dass ihr Experiment funktioniert hat. An diesem Tag startete die Rakete noch einige Male.

◇◇ **2** Stell dir vor, du möchtest das Experiment nachmachen. Welche Sätze helfen dir dabei? Markiere sie.

◇ **3** Streiche alle unnötigen Sätze durch.

◇ **4** Schreibe den verbleibenden Text ab.

▸ Sprachbuch: Seite 112, 113

Fantasiegeschichten erfinden

◇ **1** Lies den Text.

Felix ist heute bei seiner Oma zu Besuch.
Nach dem Mittagessen klettert er auf den alten Dachboden,
denn dort gibt es immer sehr spannende Sachen zu entdecken.
In einer staubigen Holzkiste findet Felix eine seltsame Maschine.

◇◇ **2** Sammle Ideen, um die Geschichte weiterzuschreiben.

a. So könnte die Maschine aussehen: ______________________

____

b. Dahin könnte die Maschine Felix bringen: ______________________

____

c. Diese magischen Kräfte könnte Felix plötzlich haben:

____

____

d. Diese Menschen, Tiere oder Fantasiewesen könnten ihm begegnen:

____

____

e. Diese Aufgaben könnten auf Felix warten: ______________________

____

f. Diese Belohnung könnte er erhalten: ______________________

____

◇◇◇ **3** Schreibe mithilfe deiner Ideen eine spannende Geschichte, die Felix mit der Maschine erlebt.

◇◇◇ **4** Denk dir eine Überschrift aus, die neugierig auf deine Geschichte macht.

◇ **5** Zeichne ein passendes Bild zu deiner Geschichte.

▸ Sprachbuch: Seite 114

Was kann ich nun?

Teste dich selbst. Bearbeite die folgenden Aufgaben.
Male in die Kreise: Die Aufgabe war leicht ☺, mittel 😐, schwer ☹.

1 Schreibe die Mehrzahl (den Plural) zu diesen Bildwörtern auf.

____

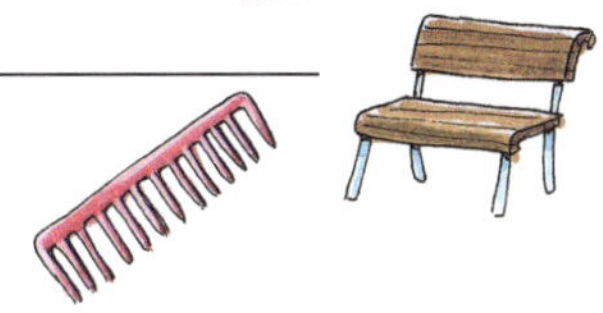

2 Zeichne die Baupläne dieser Wörter auf.

landen	Abflug	unheimlich

3 Bilde aus den Wörtern Sätze.
Unterstreiche das Modalverb grün und das Verb im Infinitiv blau.

zum Mond | wollen | er | fliegen

____

eine Geschichte | du | sollen | vorlesen

____

4 Setze die fehlenden Kommas ein.

Ich wünsche mir ein Fernrohr Bücher einen Zauberkasten und einen Ball zum Geburtstag.

5 Schreibe den Satz von Aufgabe 4 im Futur in dein Heft.

6 Was passt? Unterstreiche das passende Satzende.

Wir fahren mit dem Bus **ins Museum. / im Museum.** ____________________
Galilei lebte **vor langer Zeit. / seit langer Zeit.** ____________________

7 Schreibe auf die Linien von Aufgabe 6: Orts- oder Zeitbestimmung.

8 Setze die passenden Präpositionen ein.

Morgens steige ich ________ dem Bett.

Ich packe meine Bücher ________ den Ranzen.

Wörter mit chs und ai üben

◇ **1** Im Suchsel haben sich vier Nomen (Substantive) mit **chs** und vier Nomen (Substantive) mit **ai** versteckt. Markiere sie.

◇ **2** Schreibe die Nomen (Substantive) mit Artikel auf. Nutze dein Wörterbuch.

A	W	P	X	E	T	G	Z	F	O
Ö	M	A	I	Ü	J	E	F	U	P
W	A	C	H	S	K	W	P	C	L
A	X	Y	A	C	V	Ä	N	H	M
I	K	E	I	D	E	C	H	S	E
S	L	G	H	M	B	H	G	N	L
E	X	A	K	A	I	S	E	R	W

mit **chs**: ______________________

____

____

mit **ai**: ______________________

____

____

◇◇ **3** Setze die Nomen (Substantive) zusammen und schreibe sie mit Artikel auf.

Mai	Fisch	______________________
Gitarren	Käfer	______________________
Hai	Saite	______________________
	Kolben	______________________
	Laich	______________________

◇◇ **4** Setze die Verben in der richtigen Form ein.

Die Pflanze ______________ zum Licht.

Der Kassierer ______________ das Geld.

Der Sportler ______________ sein Trikot.

Die Arbeit ______________ mir über den Kopf.

wachsen

wechseln

▶ Sprachbuch: Seite 124

Wörter mit s und ß verlängern

Merksatz

Manchmal hören sich **s** und **ß** gleich an:
Glas – Spaß, er niest – es fließt.
Wenn du die Wörter verlängerst, kannst du hören, ob sie mit **s** oder **ß** geschrieben werden: *Gläser – Späße, niesen – fließen.*

1 Sprich die Wörter.
Klingt der **s**-Laut gesummt oder gezischt?
Ordne die Wörter richtig zu und markiere **s** und **ß**.

speisen	losen	grüßen	stoßen
Gräser	Füße	Kreise	Grüße

klingt gesummt: ______________________

klingt gezischt: ______________________

2 Schreibe die Verben ab und ergänze die Infinitive.

~~er liest~~ es bläst sie gießt er schließt es reißt sie rast

er liest – lesen, ______________________

____

____

3 Setze **s** oder **ß** richtig ein.

Wunschlos glücklich
Simons Familie rei_s_t in den Sommerferien ans Meer.
Während der Fahrt gie__t es leider in Strömen. Simons Schwester Susi dö__t die meiste Zeit. Erst als sie ankommen, rei__t die Wolkendecke auf. Sofort wird Susi munter und sau__t zum Strand. Simon ra__t hinterher. Der Wind blä__t so heftig, dass es in den Ohren brau__t.
Herrlich! Simon lö__t vorsichtig eine Muschel aus dem Sand.
Sie gefällt ihm ganz besonders und er hat sie selbst gefunden.

4 Diese Wörter musst du dir merken. Suche sie im Text und markiere sie.

ans meiste erst es besonders selbst

▶ Sprachbuch: Seite 125, 126
⤓ Lernsoftware: Nr. 15

Gleichklingende Wörter unterscheiden

Merksatz

Es gibt Wörter, die gleich klingen,
aber eine unterschiedliche Bedeutung haben.
Sie werden auch unterschiedlich geschrieben.

1 Überlege, wann man welches Wort benutzt.

fiel oder **viel**?

Das Kind ________ hin. Ich möchte nicht so ________, danke!

hast oder **hasst**?

Leo ________ es aufzuräumen. Du ________ es gut.

ist oder **isst**?

Mein Vater ________ gern Kirschen.

Das ________ eine Überraschung!

seid oder **seit**?

Ihr ________ sehr fleißig. Paul geht es ________ gestern wieder gut.

fast oder **fasst**?

Ich bin ________ so groß wie du. Lena ________ die Ziege vorsichtig an.

bis oder **biss**?

Ich warte nicht ________ morgen. Juri ________ in sein Brot.

2 Schreibe nun die passenden Wörter in die Lücken.

3 Schreibe einige Satzpaare ab.
Ihr könnt sie auch als Partnerdiktat schreiben.

4 Schreibe zu einigen Wortpaaren eigene Sätze in dein Heft.

Wal Wahl war wahr

Seite Saite Bote Boote

Richtig schreiben

▸ Sprachbuch: Seite 127
⤓ Lernsoftware: Nr. 24

Sätze verbinden

Merksatz

Mit **Bindewörtern** (Konjunktionen) lassen sich Sätze miteinander verbinden.
Bindewörter sind: *weil, damit, wenn, dass, sodass, obwohl, nachdem, da, als, indem, …*
Vor dem Bindewort steht ein Komma.

1 Markiere Satzteile, die zusammenpassen, mit der gleichen Farbe.

Ich trinke Wasser	weil du geschwitzt hast.
Du gehst duschen	weil es schmutzig ist.
Meine Mutter wäscht mein Trikot	weil ich Durst habe.

2 Schreibe die Sätze von Aufgabe 1 auf.
Achte auf das Komma vor dem Bindewort!

____

____

____

____

3 Setze die passenden Bindewörter in die Sätze ein.

Wir können nicht draußen spielen, ________ (weil / damit) es die ganze Zeit regnet. Ich weiß, ________ (als / dass) ich noch fleißig üben muss. Die Sonne scheint wieder, ________ (nachdem / damit) es stark geregnet hat. Er hat die Aufgaben nicht gemacht, ________ (weil / obwohl) ich ihn daran erinnert habe.

4 Verbinde immer zwei Sätze mit dem Bindewort **weil**, **damit** oder **obwohl**. Schreibe sie in dein Heft.

Peter ist noch nicht müde.	Ich bin morgen fit.
Ich gehe heute früh ins Bett.	Es ist schon spät.
Lisa geht heute nicht ins Freibad.	Sie ist krank.

▸ Sprachbuch: Seite 128, 129

Satzglieder umstellen – Texte verbessern

Merksatz

In einem Text kommt es darauf an, an welchen Stellen die Satzglieder in einem Satz stehen. Besonders die **Satzanfänge** sind für einen guten Text wichtig. Durch das **Umstellen von Satzgliedern** kann man einen Text **verbessern**.

1 In diesem Text fangen alle Sätze mit **Ich** an. Verbessere den Text, indem du Satzglieder umstellst. Einige sind schon unterstrichen, bei anderen Sätzen musst du es dir selbst überlegen.

Im Meeresmuseum

Ich war am Wochenende mit meinen Eltern im Meeresmuseum.

Am Wochenende

Ich habe im Ozeaneum lebensgroße Modelle der Wale gesehen.

Ich lauschte dort auch den Gesängen der Meeressäuger.

Ich habe im größten Aquarium Fischschwärme beobachtet.

Ich konnte aber nicht bis zum anderen Ende des riesigen Aquariums sehen.

Ich habe auf einer Informationstafel gelesen,
dass es 2,6 Millionen Liter Wasser enthält.

▸ Sprachbuch: Seite 130
⤓ Lernsoftware: Nr. 40

Informationen in einem Sachtext finden ...

◇ **1** Lies den Sachtext.

Schweinswale

Schweinswale gehören zu den kleinsten Walen.
Sie kommen in der Ostsee vor und sehen den Delfinen sehr ähnlich.
Allerdings sind sie kleiner und haben nicht so einen langen Schnabel.
Deshalb werden sie auch **Kleine Tümmler** genannt.
Schweinswale werden maximal zwei Meter lang
und wiegen 40 bis 80 Kilogramm. Sie gehören zur Gruppe
der Zahnwale und ernähren sich von Schwarmfischen.
Dazu gehören Heringe, Dorsche und auch größere Krebstiere.
Zwischen Mai und Juni werden die jungen Schweinswale geboren.
Bei der Geburt wiegen sie fünf bis sechs Kilogramm
und sind schon halb so lang wie ihre Mutter.
Diese versorgt ihren Nachwuchs acht Monate lang mit Milch.
Um sich unter Wasser zu orientieren, senden die Schweinswale kurze
Klicklaute aus. Stoßen diese auf ein Hindernis, wie zum Beispiel auf
Felsen oder andere Meerestiere, kehren sie als Echo zum Wal zurück.
Früher kamen Schweinswale in der Ostsee häufig vor. Im Mittelalter
wurden sie wegen ihres Fleisches gejagt. Heute werden sie zwar
nicht mehr gefangen, aber die Art ist stark gefährdet.
Die kleinen Wale verheddern sich in Fischernetzen und sterben darin, weil
sie keine Luft bekommen. Außerdem machen ihnen Wasserverschmutzung,
Überfischung und Lärm durch Schiffe und Bauarbeiten im Meer zu
schaffen. Es wurden deshalb Richtlinien und Abkommen beschlossen,
um die Schweinswale vor dem Aussterben zu schützen.

◇◇ **2** Lies den Text ein zweites Mal.
Unterstreiche die Informationen in der vorgegebenen Farbe,
die zu diesen Oberbegriffen passen.

FORTPFLANZUNG UND ENTWICKLUNG | BESONDERHEITEN | FEINDE/GEFÄHRDUNG | LEBENSRAUM | AUSSEHEN | NAHRUNG

Texte verfassen

▶ Sprachbuch: Seite 132
⤓ Lernsoftware: Nr. 50

… und ordnen

◇ **3** Trage die fehlenden Oberbegriffe von Aufgabe 2 in die Kästen ein.

◇ **4** Ordne den Oberbegriffen die Informationen zu,
die du in der entsprechenden Farbe unterstrichen hast.

AUSSEHEN

• dem Delfin ähnlich

SCHWEINSWAL

LEBENSRAUM

FEINDE/GEFÄHRDUNG

◇◇ **5** Suche noch weitere Informationen und Fotos über Schweinswale
in Büchern oder im Internet und ergänze deine Stichworte.

◇◇ **6** Halte nun mithilfe deiner Stichworte einen Vortrag über den Schweinswal.

▸ Sprachbuch: Seite 132

Was kann ich nun?

Teste dich selbst. Bearbeite die folgenden Aufgaben.
Male in die Kreise: Die Aufgabe war leicht ☺, mittel 😐, schwer ☹

1 Schreibe die Bildwörter mit Artikel auf.

____

2 Setze passende Wörter mit **ai** ein.

ein Monat: ______________ eine Getreidepflanze: ______________

ein Raubfisch: ______________ Teil einer Gitarre: ______________

3 Setze **s** oder **ß** ein.

der Gru___ das Gra___ der Prei___ der Fu___ der Spa___ das Lo___

er dö___t sie ra___t er blä___t es gie___t es brau___t es flie___t

4 **viel** oder **fiel**? Setze die Wörter richtig ein:

Du hast ______________ geschafft. Der Reiter ______________ vom Pferd.

5 Verbinde immer zwei Sätze mit einem Bindewort.

Lena freut sich auf die 5. Klasse. Sie bekommt neue Bücher.

____

____

Juri macht beim Wettkampf mit. Er ist krank.

____

____

6 Stelle die Sätze in deinem Heft so um,
dass das Wort **Sie** nicht immer am Anfang steht.

Frieda fährt mit ihren Eltern in den Ferien ans Meer.
Sie möchte dort baden und Sandburgen bauen.
Sie will am Strand Steine und Muscheln sammeln.
Sie darf den ganzen Tag mit ihrem kleinen Bruder draußen spielen.

Lösungen

Das kann ich schon

Wörter nach dem Alphabet ordnen

1 Ich erkenne sechs Tiernamen im Suchsel und kann diese aufschreiben.

Q	R	T	S	S	C	H	W	A	N	M
W	E	I	C	C	H	J	K	L	Ö	Ä
L	S	K	H	H	J	G	F	D	S	A
S	C	H	I	L	D	K	R	Ö	T	E
Ö	H	Ä	M	A	Ö	L	K	J	H	G
Ä	W	M	P	N	Q	A	A	S	D	F
Y	A	N	A	G	W	E	R	T	Z	U
X	L	B	N	E	Ö	Ä	Ü	P	O	I
C	B	G	S	C	H	W	E	I	N	Y
V	E	V	E	J	L	M	N	B	X	V

1 Schildkröte
5 Schwan
6 Schwein
2 Schimpanse
4 Schwalbe
3 Schlange

2 Ich kann diese Namen nach dem Alphabet ordnen und nummerieren.

Ein Gedicht abschreiben

3 Ich kann ein Gedicht abschreiben.

Das Kätzchen *Anita Menger*

Das Kätzchen sitzt im Apfelbaum.
Es kletterte, man glaubt es kaum,
dem Vogel hinterher,
doch der sitzt jetzt nicht mehr
auf diesem Ast. – Nun so allein,
denkt sich das Kätzchen: „Wie gemein!"

Das Kätzchen Anita Menger
Das Kätzchen sitzt im Apfelbaum.
Es kletterte, man glaubt es kaum,
dem Vogel hinterher,
doch der sitzt jetzt nicht mehr auf diesem Ast. –
Nun so allein, denkt sich das Kätzchen:
„Wie gemein!"

Lernen lernen

Das kann ich schon

Mit den Wortbausteinen -ig und -lich Adjektive bilden

1 Ich kann mit den Wortbausteinen **-ig** und **-lich** Adjektive bilden:

Mut Freund Sport Neugier

mutig, freundlich, sportlich, neugierig

Wörter mit doppelten Mitlauten (Konsonanten) schreiben

2 Ich kann Wörter mit doppelten Mitlauten (Konsonanten) richtig schreiben:

Puppe, Teller, Sonne, Kamm, Butter

Wörter verlängern

3 Ich kann herausfinden, ob man die Lückenwörter mit **b, d, g** oder mit **p, t, k** schreibt. Dazu bilde ich die Mehrzahl.

Korb – Körbe Zwerg – Zwerge
Pferd – Pferde Sieb – Siebe

Wörter ableiten

4 Ich kann Wörter mit ä und äu ableiten:

der Wald – die Wälder das Haus – die Häuser
fallen – er fällt laufen – er läuft

Wörter mit ss und ß schreiben

5 Ich kann Wörter mit **ss** und **ß** richtig schreiben:

Wörter mit **ss**: Messer, Nuss, Tasse
Wörter mit **ß**: Fuß, Floß, Straße

Richtig schreiben

Das kann ich schon

Verben in den Zeitformen Präsens, Präteritum und Perfekt verwenden

1 Ich kann Sätze in den Zeitformen Präsens, Präteritum und Perfekt wie im Beispiel aufschreiben:

Ich **esse** einen Apfel. Ich **aß** einen Apfel. Ich **habe** einen Apfel **gegessen**.

Ich lese ein Buch. Ich **las** ein Buch. Ich habe ein Buch gelesen.

Ich **spiele** mit meinen Freunden. Ich spielte mit meinen Freunden. Ich habe mit meinen Freunden gespielt.

Satzglieder umstellen

2 Ich kann aus diesen Satzgliedern verschiedene Sätze bilden:

gestern kam ein neuer Schüler in unsere Klasse

1. In unsere Klasse kam gestern ein neuer Schüler.
2. Ein neuer Schüler kam gestern in unsere Klasse.
3. Kam gestern ein neuer Schüler in unsere Klasse?
4. Gestern kam ein neuer Schüler in unsere Klasse.

Subjekt und Prädikat unterscheiden

3 Ich kann in diesen Sätzen das Subjekt einmal und das Prädikat zweimal unterstreichen:

Der neue Schüler heißt Tom.
Er sitzt neben mir.
Gestern rief mich Tom zu Hause an.

Zeichen der wörtlichen Rede setzen: . ! ? : „ "

4 Ich kann die Zeichen der wörtlichen Rede richtig einsetzen.

Unsere Lehrerin fragt: „Wo kann Tom sitzen?"
Ich rufe laut: „Bei mir ist noch Platz!"

Sprache untersuchen

Das kann ich schon

Ein Elfchen schreiben

1 Ich kann ein Elfchen zu einem dieser Themen schreiben:

Gewitter Ferien Mitternacht

Angst
steigt auf
Bäume biegen sich
Blitz Donner starker Regen
Gewitter

Einen Brief schreiben

2 Ich kann einen Brief an eine Märchenfigur schreiben und auf die Anrede sowie die Grußformel achten:

Liebe Frau Holle,
du bist meine liebste Märchenfigur,
weil ich den Schnee so sehr mag.
Ohne die vielen Federn aus deinen Bettdecken
würde es den nicht geben!
Ich hoffe, dir geht es gut!
Liebe Grüße
deine Amelie

Texte verfassen

Lösungen

Ein Interview vorbereiten

1 Ein Interview ist die Befragung einer Person.
Ein Interview muss gut vorbereitet werden. Lies die Tipps.

Tipp

- Suche dir ein Thema, über das du etwas wissen möchtest.
- Finde heraus, wen du zu diesem Thema befragen kannst.
- Überlege dir Fragen und schreibe sie auf. Deine Fragen sollten nicht mit ja oder nein beantwortet werden können.
- Vereinbare mit deinem Interviewpartner Ort und Zeitpunkt für das Interview.
- Übe das Interview vor dem Spiegel oder mit einem Partner.

2 Die Kinder der 4b haben die Schüler ihrer Partnerklasse zum Interview eingeladen. Lies die Fragen und schreibe weitere auf.

a. Wie kommst du zur Schule?
b. Wie lange hast du am Dienstag Unterricht?
c. Wie *heißt du* ?
d. Wo *wohnst du* ?
e. Was *ist dein liebstes Schulfach* ?
f. Welches *Buch liest du gerade* ?
g. Wohin *fährst du am liebsten in den Urlaub* ?
h. Seit wann *kennst du deinen besten Freund* ?
i. ______
j. ______

3 Wie könnte dein Interviewpartner antworten?
Schreibe mögliche Antworten in dein Heft.
a. Ich komme mit dem Bus zur Schule.
b. …

4 Lies die folgenden Fragen und schreibe auf, wen du befragen könntest.

Wie viele Schüler lernen an unserer Schule? *den Schulleiter*

Um welche Uhrzeit bist du geboren? *meine Mutter*

Lernen lernen

© Westermann Gruppe

▸ Sprachbuch: Seite 16

Laute unterscheiden

Merksatz

Selbstlaute werden auch **Vokale** genannt: *a, e, i, o, u*.
Mitlaute werden auch **Konsonanten** genannt: *b, c, d, f …*
Ein **Zwielaut** ist ein Doppellaut aus **zwei verschiedenen Vokalen**: *au, äu, ei, eu, ai, ui*.
Ein **Umlaut** ist die Veränderung eines Vokals durch zwei Punkte: *ä, ö, ü*.

1 Welche Unterrichtsfächer sind gemeint? Setze die fehlenden Vokale ein.

K*u*nst M*u*s*i*k M*a*th*e*m*a*t*i*k Sp*o*rt R*e*l*i*g*io*n

2 Ordne die Wörter und Bildwörter nach ihrem Anfangslaut.

überqueren Erwartung öffnen
Unterricht eigentlich
jung Ausbildung Fehler

Vokal: *Igel, Unterricht, Erwartung*

Konsonant: *jung, Fehler, Wolke*

Zwielaut: *Ausbildung, eigentlich, Euter*

Umlaut: *öffnen, überqueren, Äpfel*

3 In dem Satz fängt jedes Wort mit demselben Vokal an. Schreibe zu allen Vokalen einen lustigen Satz: *Acht Affen angeln am Abend Ameisen.*
E …

4 Setze die Schüttelwörter richtig ein. Markiere die Zwielaute.

In der Pause spiele ich mit meinen neuen *Freunden* . rneuFend

Auf dem Schulhof steht eine *Eiche* . cheEi

Richtig schreiben

© Westermann Gruppe

▸ Sprachbuch: Seite 17
Lernsoftware: Nr. 7

Wörter mit doppelten Konsonanten üben

Merksatz

Wenn du nach einem **kurzen Vokal** nur einen **Konsonanten** hörst, wird er beim Schreiben verdoppelt: *fallen, offen, die Brille*.

1 Stelle die Wörter zu Reimpaaren zusammen.

~~der Kuss~~ ich kann ~~schnell~~ der Mann das Lamm nett glatt satt
still der Stamm nass hell fett ~~ich muss~~ ich will das Fass
denn der Kamm der Fall wenn der Stall der Schwamm

der Kuss – ich muss, ich kann – der Mann,
schnell – hell, das Lamm – der Stamm,
nett – fett, glatt – satt, still – ich will,
nass – das Fass,
denn – wenn, der Kamm – der Schwamm,
der Fall – der Stall

2 Schreibe die Substantive (Nomen) von Aufgabe 1 in der Mehrzahl auf.

die Küsse, die Männer, die Lämmer,
die Stämme, die Fässer, die Kämme,
die Schwämme, die Fälle, die Ställe

3 Schreibe die Adjektive von Aufgabe 1 und eine verlängerte Form auf.

schnell – schnelle, hell – heller, nett – nette,
fett – fetter, glatt – glatte, satt – satter,
still – stille, nass – nasse

4 Schreibe mit den drei Verben Sätze in dein Heft.

5 Welche beiden Wörter aus dem Wortkasten sind keine Nomen, keine Adjektive und keine Verben? *denn, wenn*

Richtig schreiben

© Westermann Gruppe

▸ Sprachbuch: Seite 18
Lernsoftware: Nr. 9

Lange und kurze Vokale in einer Wortfamilie üben

Merksatz

Ein **doppelter Konsonant** bleibt in den meisten Wörtern einer Wortfamilie erhalten: *treffen, sie trifft, sie hat getroffen.*
Manchmal haben nicht alle Wörter einer Wortfamilie einen doppelten Konsonanten. Ein doppelter Konsonant steht nur nach einem kurzen Vokal: *kommen, kommt, kam, gekommen*
reiten, reitet, ritt, geritten.

1 Markiere in jeder Geschichte die Verbformen von **treffen, kommen, gefallen** und **bitten**.

Eine Geschichte über Paul (im Präsens)
Einmal trifft Paul eine Katze.
Sie kommt mit ihm. Die Katze gefällt Paul sehr.
Er bittet seine Eltern, sie behalten zu dürfen.

Eine Geschichte über Paul (im Präteritum)
Einmal traf Paul eine Katze.
Sie kam mit ihm. Die Katze gefiel Paul sehr.
Er bat seine Eltern, sie behalten zu dürfen.

Eine Geschichte über Paul (im Perfekt)
Einmal hat Paul eine Katze getroffen.
Sie ist mit ihm gekommen. Die Katze hat Paul sehr gefallen.
Er hat seine Eltern gebeten, sie behalten zu dürfen.

2 Schreibe die markierten Verbformen neben die Grundformen.

treffen: *trifft, traf, hat getroffen*

kommen: *kommt, kam, ist gekommen*

gefallen: *gefällt, gefiel, hat gefallen*

bitten: *bittet, bat, hat gebeten*

3 Setze bei den Verbformen unter die langen Vokale einen Strich und unter die kurzen Vokale einen Punkt.

4 Schreibe weitere verwandte Wörter zu **treffen, kommen** und **fallen** auf.

Richtig schreiben

© Westermann Gruppe

▸ Sprachbuch: Seite 19
Lernsoftware: Nr. 8

Lösungen

Bestimmte und unbestimmte Artikel unterscheiden

Merksatz

Die Wörter *der, die, das* nennt man **bestimmte Artikel.**
Die Wörter *ein* und *eine* nennt man **unbestimmte Artikel.**
Artikel sind Kennzeichen für Substantive: *der Junge, ein Junge.*
Der **unbestimmte Artikel** sagt meistens,
dass etwas in einem Text noch **unbekannt** ist.
Der **bestimmte Artikel** sagt hingegen,
dass etwas in einem Text schon **bekannt** ist.
Ein Kind läuft umher. Das Kind stolpert.

1 Lies den Text. Wie viele Kinder kommen in dem Text vor?

A Am Schwimmbecken steht ein Mädchen.
Ein Junge steigt auf den Startblock.
Ein Mädchen zieht seine Schwimmbrille an.
Ein Junge springt ins Wasser.

Ich zähle vier Kinder.

2 Lies nun diesen Text. Wie viele Kinder kommen hier vor?

B Am Schwimmbecken steht ein Mädchen.
Ein Junge steigt auf den Startblock.
Das Mädchen zieht seine Schwimmbrille an.
Der Junge springt ins Wasser.

Ich zähle zwei Kinder.

3 Unterstreiche in den Texten den bestimmten und den unbestimmten Artikel unterschiedlich.

4 Setze die Artikel so ein, dass nur **ein** Vogel und **eine** Katze vorkommen.

Auf einem Ast sitzt ein Vogel. Durch das Gras schleicht eine Katze.

Als ich näher komme, fliegt *der* Vogel in sein Nest

und *die* Katze springt auf die Mauer.

5 Schreibe den Text von Aufgabe 4 so auf, dass **zwei** Vögel und **zwei** Katzen vorkommen.

Auf einem Ast sitzt ein Vogel. Durch das Gras schleicht eine Katze. Als ich näher komme, fliegt ein Vogel in sein Nest und eine Katze springt auf die Mauer.

Pronomen verwenden

Merksatz

Ein **Pronomen** ist ein Wort, das für ein Substantiv eingesetzt werden kann. So müssen sie in einem Text nicht ständig wiederholt werden.

Pronomen sind: ***ich*** *(mir, mich)*, ***du*** *(dir, dich)*, ***er*** *(sich, ihm, ihn)*, ***sie*** *(sich, ihr)*, ***es*** *(sich, ihm)*, ***wir*** *(uns)*, ***ihr*** *(euch)*, ***sie*** *(ihnen)*

1 Setze die Pronomen **mir** oder **mich** ein.

Ich freue *mich*. Das macht *mir* Spaß. Ich schäme *mich*.
Das macht *mich* stolz. Ich denke *mir* etwas aus. Hilf *mir*!
Meine Oma schickt *mir* ein Paket. Sie hat an *mich* gedacht.

2 Setze die passenden Pronomen ein.

dir, er, ich, mir, sie, du, wir, ihre, ihm

Wortwiederholungen vermeiden

Paul will sein Fahrrad putzen. *Er* (Paul) stellt es vor das Haus.
Da kommt Julia vorbei. *Sie* (Julia) fragt: „Kann *ich* (Julia)
dir (Paul) helfen?“ Paul antwortet: „Gern, wenn *du* (Julia)
mir (Paul) hilfst, sind *wir* (Julia und Paul) schneller fertig.“
Julia zieht *ihre* (Julia) Jacke aus und setzt sich zu *ihm* (Paul).
Bald glänzt das Fahrrad wie neu.
Paul bedankt sich bei Julia: „Vielen Dank! Möchtest *du* (Julia) mit
mir (Paul) noch eine Runde fahren?
Ich lade *dich* (Julia) zum Eis ein.“

3 Denke dir eigene Sätze mit den Pronomen **dir** und **dich** aus.

Mit dem roten Faden eine Geschichte entwickeln

1 Lies den Anfang der Geschichte und überlege, wie sie weitergehen könnte.

Mama hat morgen Geburtstag.
Aufgeregt wartet Jakob darauf,
dass sie endlich die Wohnung verlässt.
Er hat eine gute Idee!

2 Schreibe Stichwörter zu den Fragen auf.

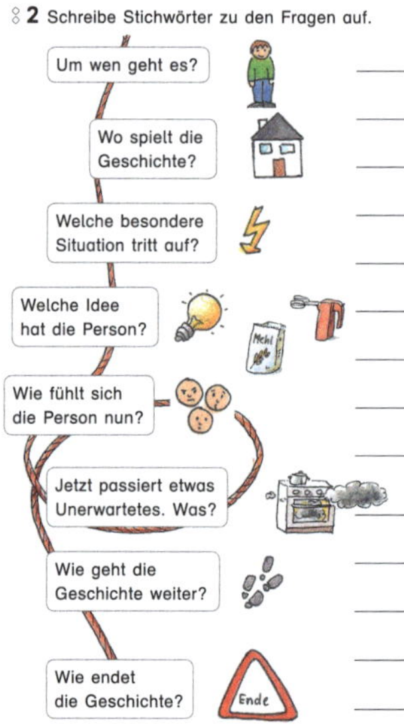

3 Schreibe deine Geschichte in dein Heft.

Was kann ich nun?

Teste dich selbst. Bearbeite die folgenden Aufgaben.
Schau dann auf Seite XX nach, ob du sie richtig gelöst hast.
Male in die Kreise: Die Aufgabe war leicht ☺, mittel 😐, schwer ☹.

1 Ergänze die Zwielaute.

St*eu*ermann *Au*ge Kr*ei*s Z*eu*gnis Fr*au* M*ai*skolben

2 Setze richtig ein.

Schi*ff*e (f/ff) ste*ll*en (l/ll) bi*tt*en (t/tt) Ga*b*el (b/bb) Scha*l*e (l/ll) Sti*mm*e (m/mm)

3 Ergänze die fehlenden Verbformen.

Infinitiv	Präsens	Präteritum	Perfekt
bitten	*er bittet*	*er bat*	*er hat gebeten*
kommen	*er kommt*	*er kam*	*er ist gekommen*
treffen	*er trifft*	*er traf*	*er hat getroffen*

4 Vervollständige die Sätze. Setze **bekannt** oder **unbekannt** ein.

Der unbestimmte Artikel sagt meistens, dass etwas in einem Text *unbekannt* ist. Der bestimmte Artikel sagt meistens, dass etwas in einem Text *bekannt* ist.

5 Setze den bestimmten oder den unbestimmten Artikel so ein, dass nur **ein** Mädchen und **ein** Junge im Text vorkommen.

Ein Mädchen kommt in die Klasse. Ein Junge sitzt am Tisch.
Das Mädchen geht zu *dem* Jungen und gibt ihm etwas.

6 Setze die passenden Pronomen in die Lücken ein. mir, ihm, wir, er, uns

Gestern habe ich meinen Freund getroffen. *Er* heißt Karl.
Wir sind in die Stadt gegangen und haben *uns* dort ein Eis gekauft.
Ich habe *ihm* eine Kinokarte geschenkt. Karl hat sich bei *mir* bedankt.

Informationen sammeln

1 Lies den Text über den Dachs.

Der Dachs
Der Dachs lebt in unseren Wäldern. Tagsüber versteckt er sich in seinem Bau unter der Erde. In der Nacht sucht er sein Futter. Er frisst Regenwürmer, Insekten, aber auch Getreide, Beeren und Wurzeln. Bei der Futtersuche ist er sehr vorsichtig. Er streckt seine Schnauze in die Luft. So kann er mit seinem guten Geruchssinn die Witterung aufnehmen. Der Dachs ist länger als ein Rotfuchs und schwerer als jeder andere Marder. Sein Kopf hat eine schwarz-weiße Fellzeichnung. Dachse halten keinen echten Winterschlaf, sie ruhen nur. In manchen Nächten kommen sie im Winter auch aus ihrem Bau.

2 Einige wichtige Textstellen sind bereits unterstrichen. Markiere in dem Text weitere Informationen, die du für einen Vortrag benötigst.

3 Schreibe die Informationen auf die entsprechenden Stichwortkarten.

Lebensraum	Besonderheiten	Aussehen
in unseren Wäldern	guter Geruchssinn	länger als ein
Bau unter der Erde	kein Winterschlaf	Rotfuchs
		schwarz-weiß

Nahrung	Fortpflanzung
Regenwürmer	
Insekten, Getreide	
Beeren und Wurzeln	

4 Zu einigen Karten benötigst du noch Informationen. Wo kannst du Informationen zum Dachs finden? Schreibe auf:

in Tierbüchern, im Internet, bei meinen Eltern

5 Ergänze die Informationen auf den Stichwortkarten.

6 Du kannst mithilfe deiner Stichwortkarten einen Kurzvortrag halten.

▸ Sprachbuch: Seite 34
± Lernsoftware: Nr. 50

Lernen lernen

Wörter mit ss und ß unterscheiden

Merksatz

Für Wörter mit **ss** oder **ß** gilt:
Auf einen **kurzen Vokal** folgt **ss**.
Auf einen **langen Vokal** folgt **ß**. Auch bei **ei** und **ie** folgt **ß**.
Manchmal werden Wörter derselben Wortfamilie mit **ss** und mit **ß** geschrieben: *essen, er isst, er hat gegessen* – aber: *er aß*.

1 Markiere den Vokal vor **ss** oder **ß** wie im Beispiel.

kurzer Vokal vor **ss**: fressen
langer Vokal oder Zwielaut vor **ß**: schießen

schießen vergessen sie schoss ich vergaß der Schuss du vergisst

lassen sie wusste ich ließ ich weiß er lässt wissen

der Schlüssel der Biss schloss beißen schließen gebissen

2 In jedem Kasten stehen Wörter aus zwei verschiedenen Wortfamilien. Schreibe jeweils die drei Wörter aus einer Wortfamilie auf.

schießen, der Schuss, sie schoss
vergessen, ich vergaß, du vergisst
lassen, ich ließ, er lässt
sie wusste, ich weiß, wissen
der Schlüssel, schloss, schließen
der Biss, beißen, gebissen

3 ss oder ß? Schreibe die Wörter richtig auf.

fre▒en es fra▒ es fri▒t der Ri▒ rei▒en geri▒en

fressen, er fraß, es frisst, der Riss,
reißen, gerissen

▸ Sprachbuch: Seite 35
± Lernsoftware: Nr. 13, 15, 16

Richtig schreiben

Lösungen

Wörter mit k und ck üben

Merksatz

Nach einem **Konsonanten** steht ein **k**
wie in *Wolke* und in *Bank*, in *Gurke* und in *Schrank*.
Nach einem **kurzen Vokal** steht **ck**,
wie *packen, lecken, zwicken, locken* und *jucken*.

1 Markiere 12 Wörter mit **k** oder **ck** im Suchsel und schreibe die Wörter geordnet auf.
Achte auf die Groß- und Kleinschreibung!

Q	L	E	C	K	E	N	O	H	S
U	I	U	D	I	C	K	K	A	T
A	N	B	O	R	K	E	R	R	Ü
R	K	N	P	Q	E	V	W	K	C
K	S	R	A	Z	Q	B	V	E	K
S	C	H	R	E	C	K	Y	N	L
D	E	N	K	E	N	Ö	E	K	R
E	N	T	W	I	C	K	E	L	N

Wörter mit **k**: Quark, links, Harke, Park, Borke, denken

Wörter mit **ck**: Ecke, dick, Stück, wickeln, Schreck, lecken

2 Unterstreiche in Aufgabe 1 die Buchstaben, die vor **k** oder **ck** stehen.

3 Ordne die Verben in die Tabelle ein und ergänze die fehlende Verbform.

~~wecken~~ er blickte jucken er lockte stricken er hackte

Infinitiv	Infinitiv mit Trennstrich	Präteritum	Präteritum mit Trennstrich
wecken	we-cken	er weckte	er weck-te
blicken	bli-cken	er blickte	er blick-te
jucken	ju-cken	es juckte	es juck-te
locken	lo-cken	er lockte	er lock-te
stricken	stri-cken	er strickte	er strick-te
hacken	ha-cken	er hackte	er hack-te

▸ Sprachbuch: Seite 36
± Lernsoftware: Nr. 10

Richtig schreiben

Wörter mit z und tz üben

Merksatz

Nach einem **Konsonanten** steht ein **z**
wie in *tanzen* und in *Holz*, in *Wurzel* und in *Stolz*.
Nach einem **kurzen Vokal** steht **tz**:
wie in *putzen* und *spritzig*, in *kratzen* und *witzig*.

1 Trenne die Wörter mit **z** oder **tz** in der Wörterschlange mit Strichen ab.

TANZEN|VERLETZUNG|ARZT|NÜTZLICH|GANZ|KRATZEN

SCHMALZ|HITZE|PILZ|FETZEN|KURZ|WITZ|HOLZ|SATZ

2 Schreibe die Wörter von Aufgabe 1 geordnet auf.
Achte auf die Groß- und Kleinschreibung!

Wörter mit **z**: tanzen, Arzt, ganz, Schmalz, Pilz, kurz, Holz

Wörter mit **tz**: Verletzung, nützlich, kratzen, Hitze, Fetzen, Witz, Satz

3 Unterstreiche in Aufgabe 2 die Buchstaben, die vor **z** oder **tz** stehen.

4 Ordne die Verben in die Tabelle ein und ergänze die fehlende Verbform.

~~er blitzte~~ schwitzen putzen er platzte setzen er benutzte

Infinitiv	Infinitiv mit Trennstrich	Präteritum	Präteritum mit Trennstrich
blitzen	blit-zen	er blitzte	er blitz-te
schwitzen	schwit-zen	er schwitzte	er schwitz-te
putzen	put-zen	er putzte	er putz-te
platzen	plat-zen	er platzte	er platz-te
setzen	set-zen	er setzte	er setz-te
benutzen	benut-zen	er benutzte	er benutz-te

▸ Sprachbuch: Seite 37
± Lernsoftware: Nr. 11

Richtig schreiben

Substantive in den vier Fällen verwenden 1

Merksatz

Substantive können in **vier verschiedenen Fällen** vorkommen:

Nominativ	**(Wer oder was?):**	*der Wurm*	*die Schnecke*	*das Tier*
Genitiv	**(Wessen?):**	*des Wurms*	*der Schnecke*	*des Tieres*
Dativ	**(Wem?):**	*dem Wurm*	*der Schnecke*	*dem Tier*
Akkusativ	**(Wen oder was?):**	*den Wurm*	*die Schnecke*	*das Tier*

1 Setze **der Baum** im richtigen Fall ein. der Baum · des Baumes · dem Baum · den Baum

Der Baum ist die größte Pflanze im Wald.
Die Rinde *des Baumes* ist beschädigt. Abgase und manche Insekten schaden *dem Baum*. Der Borkenkäfer kann *den Baum* befallen.

2 Setze **die Eule** im richtigen Fall ein.
Die Eule jagt nachts ihre Beute. Der Schnabel *der Eule* ist sehr scharf. Mäuse schmecken *der Eule* besonders gut.
Im Zoo können wir *die Eule* bewundern.

3 Setze **das Reh** im richtigen Fall ein.
Das Reh springt bei Gefahr ins Dickicht. Das Fell *des Rehs* ist rotbraun. Fuchs, Luchs und Wolf stellen *dem Reh* nach.
Das Reh sehen wir oft am Waldrand.

4 Ergänze die Tabelle.

Nominativ: Wer oder was?	*der Baum*	*die Eule*	*das Reh*
Genitiv: Wessen?	*des Baumes*	*der Eule*	*des Rehs*
Dativ: Wem?	*dem Baum*	*der Eule*	*dem Reh*
Akkusativ: Wen oder was?	*den Baum*	*die Eule*	*das Reh*

5 Lege dir eine Tabelle wie in Aufgabe 4 in deinem Heft an.
Setze folgende Substantive mit Artikel in allen vier Fällen ein.
der Jäger · die Mücke · das Wildschwein

Sprache untersuchen

▸ Sprachbuch: Seite 38
⤓ Lernsoftware: Nr. 31–33

Substantive in den vier Fällen verwenden 2

1 Setze **der Wildpark** im richtigen Fall ein.
Frage dazu im ganzen Satz nach dem richtigen Fall.

Die Kinder wollen *den Wildpark* besuchen.
Wen oder was wollen die Kinder besuchen? – den Wildpark

Der Parkplatz *des Wildparks* ist sehr groß.
Wessen Parkplatz ist sehr groß? – des Wildparks

Der Wildpark schließt am Abend.
Wer oder was schließt am Abend? – der Wildpark

Eine Futterspende kann *dem Wildpark* übergeben werden.
Wem kann eine Futterspende übergeben werden? dem Wildpark

2 Setze **der Karpfen** im richtigen Fall ein.
Am Teich füttern die Kinder die Enten.
Plötzlich wird eine Ente von einem Karpfen hochgehoben.

Der Karpfen schnappt nach dem Brot, doch die Ente ist schneller.
Die Schuppen *des Karpfens* glänzen in der Sonne.
Die Enten wollen *den Karpfen* vertreiben.
Endlich gleitet *der Karpfen* langsam davon.
Die Kinder schauen *dem Karpfen* lange nach.

3 Trage **der Karpfen** in allen Fällen in die Tabelle ein.

Nominativ: Wer oder was?	*der Karpfen*
Genitiv: Wessen?	*des Karpfens*
Dativ: Wem?	*dem Karpfen*
Akkusativ: Wen oder was?	*den Karpfen*

Sprache untersuchen

▸ Sprachbuch: Seite 39
⤓ Lernsoftware: Nr. 31–33

Die Zeichen der wörtlichen Rede setzen 1

Merksatz

Ein Redesatz steht in Anführungszeichen.
Im **Begleitsatz** steht, wer etwas sagt.
Steht der **Begleitsatz vorn**, folgt ein **Doppelpunkt**.
Max sagt: „Ich kann schon alles."
Begleitsatz Redesatz

Steht der **Begleitsatz hinten**, wird er durch ein **Komma** vom Redesatz abgetrennt.
„Das stimmt nicht!", ruft Felix.
„Bist du dir da auch sicher?", fragt Nelly.
„Ich bin mir nicht ganz sicher", antwortet Max.

Steht der **Begleitsatz dazwischen**, wird er **vorn** und **hinten** durch Kommas abgetrennt.
„Ganz sicher", antwortet Max, „bin ich mir nicht."

1 Bei den Satzmustern a.–c. steht der Begleitsatz vor der wörtlichen Rede.
Ordne die folgenden Sätze den passenden Satzmustern zu.

Herr Wilde sagt Ich erkenne nichts
Jakob fragt Seht ihr das Reh · Lea ruft Da hinten steht es

a *Jakob fragt*: „*Seht ihr das Reh*?"
b *Lea ruft*: „*Da hinten steht es*!"
c *Herr Wilde sagt*: „*Ich erkenne nichts*."

2 Bei den Satzmustern d–f steht der Begleitsatz hinter der wörtlichen Rede.
Ordne die folgenden Sätze den passenden Satzmustern zu.

Ich habe es zuerst gesehen schreit Lea
Es steht hinter dem Baum sagt Herr Wilde
Wo ist das Reh denn fragt Jakob

d „*Wo ist das Reh denn*?", *fragt Jakob*.
e „*Es steht hinter dem Baum*", *sagt Herr Wilde*.
f „*Ich habe es zuerst gesehen*!", *schreit Lea*.

Sprache untersuchen

▸ Sprachbuch: Seite 40, 41
⤓ Lernsoftware: Nr. 45

Die Zeichen der wörtlichen Rede setzen 2

1 Lies den Text und unterstreiche die Stellen, bei denen jemand etwas sagt.

Im Wildpark

Die Kinder der 4. Klasse besuchen den Wildpark.
Am Eingang begrüßen sie einen Tierpfleger: „Guten Tag!
Wir möchten Sie etwas fragen."
Tim will wissen: „Was ist der Unterschied zwischen einem Wildpark und einem Zoo?" Der Pfleger erklärt: „In einem Wildpark leben meist einheimische Tiere in großen Gehegen."
Lea interessiert: „Wie viele Tierarten leben im Wildpark?"
Er antwortet: „Bei uns sind 20 Tierarten zu Hause."
Paul fragt: „Gibt es hier auch Tiere, die nicht in unserer Heimat leben?"
Der Tierpfleger berichtet: „Im Wildpark leben zur Zeit Braunbären, die nicht bei uns beheimatet sind."

„Sie sind", fügt er hinzu, „schon länger hier."
„Warum leben Braunbären denn hier?", will Paul wissen.
„Als der Zirkus aufgelöst wurde", erzählt der Tierfpfleger, „wusste man nicht, wo man die Bären unterbringen sollte.
Deshalb haben wir sie aufgenommen."
„Danke für die Informationen!", rufen die Kinder.

2 Setze die fehlenden Satzzeichen und die Zeichen der wörtlichen Rede ein.

Sprache untersuchen

▸ Sprachbuch: Seite 40, 41
⤓ Lernsoftware: Nr. 45

Lösungen

Was kann ich nun?

Teste dich selbst. Bearbeite die folgenden Aufgaben.
Male in die Kreise: Die Aufgabe war leicht ☺, mittel 😐, schwer ☹.

1 Kreuze an, wie der Satz richtig enden muss.

Auf einen kurzen Vokal ○ folgt ß. ☒ folgt ss.
Auf einen langen Vokal ☒ folgt ß. ○ folgt ss.

2 Setze **ss** oder **ß** richtig ein.

der Bi*ss*en — verge*ss*lich — ich wei*ß*
das Gescho*ss* — der Rei*ß*verschluss — ich schlie*ß*e ab

3 Trenne die Wörter nach ihren Silben.

putzen – *put-zen* — sie putzten – *sie putz-ten*
blicken – *bli-cken* — sie blickten – *sie blick-ten*

4 Setze **der Dachs** im richtigen Fall ein.

Den Dachs kann man nur selten sehen. *Der Dachs* lebt in einem Bau. *Dem Dachs* schmecken Pilze, Früchte und Insekten. Das Fell *des Dachses* ist an der Schnauze gestreift.

5 Setze in die Sätze die fehlenden Satzzeichen und die Zeichen der wörtlichen Rede ein.

Die Lehrerin sagt: „Wir wollen einen Wildpark besuchen."
Ein Kind fragt: „Können wir bei der Fütterung der Wölfe zuschauen?"
Alle Kinder rufen: „Oh, toll!"

6 Stelle die Sätze von Aufgabe 5 so um, dass der Redebegleitsatz hinter der wörtlichen Rede steht. Schreibe die Sätze in dein Heft.

7 Lies den Text und kreuze an, wie es richtig heißen muss:

Die Figuren einer Fabel sind ○ Feen, ○ Zwerge, ○ Riesen, ○ Menschen und ☒ Tiere. Diese Figuren können ☒ sprechen, ○ zaubern. Eine Fabel endet ○ mit einem Witz, ☒ meist mit einer Lehre.

Was kann ich nun?

Einen Text korrigieren

1 Lisa sucht für den Unterricht Sagen aus ihrer Heimatregion.
Im Internet findet sie viele Hinweise.
Lies, was Lisa geschrieben hat:

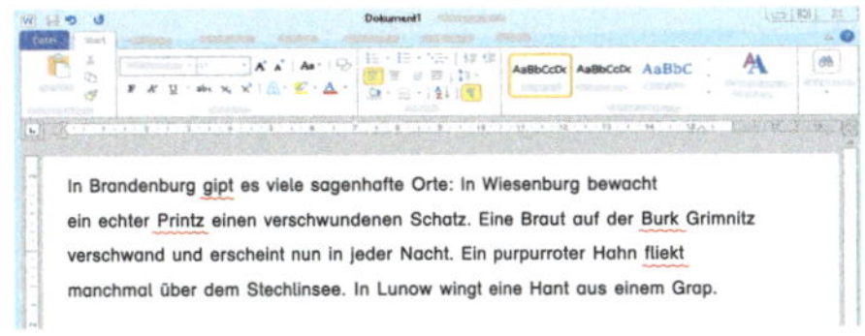
In Brandenburg gipt es viele sagenhafte Orte: In Wiesenburg bewacht ein echter Printz einen verschwundenen Schatz. Eine Braut auf der Burk Grimnitz verschwand und erscheint nun in jeder Nacht. Ein purpurroter Hahn fliekt manchmal über dem Stechlinsee. In Lunow wingt eine Hant aus einem Grap.

2 In Lisas Text haben sich Fehler eingeschlichen.
Einige sind rot unterkringelt. Berichtige die Fehler und begründe:

gibt – kommt von geben, da hört man ein b
Prinz – ein tz steht nur nach einem Vokal
Burg – in der Mehrzahl höre ich ein g: Burgen
fliegt – kommt von fliegen, da hört man ein g

3 Finde noch drei weitere Fehler und berichtige diese wie in Aufgabe 2.

winkt – kommt von winken, da hört man ein k
Hand – in der Mehrzahl höre ich das d: Hände
Grab – in der Mehrzahl hört man das b: Gräber

4 Schreibe den korrigierten Text in dein Heft oder am Computer.

Lernen lernen

Fremdwörter üben

Merksatz
Viele Wörter, die wir benutzen, haben wir aus anderen Sprachen übernommen. So kommt zum Beispiel ***Jeans*** aus dem Englischen, ***Joghurt*** aus dem Türkischen und ***Diktat*** aus dem Lateinischen.

1 Was gehört zusammen? Markiere mit der gleichen Farbe.

der Computer — das Gymnasium — der Laptop — das Shampoo
das Restaurant — die Inlineskates — die Pommes frites — der Chip
das Mountainbike — das Trikot — die Mathematik — das Museum
programmgesteuerte elektronische Rechenmaschine — Rollschuhe
tragbarer Computer — Gasthaus — Haarwaschmittel — Datenträger
in Öl gebackene Kartoffelstäbchen — zum Abitur führende Schule
Wissenschaft der Raum- und Zahlengrößen — Ausstellungsort
Sportoberbekleidung — Geländefahrrad

2 Schreibe einige Fremdwörter mit ihrer Bedeutung auf:

der Computer – programmgesteuerte elektronische Rechenmaschine, das Gymnasium – zum Abitur führende Schule, der Laptop – tragbarer Computer, das Shampoo – Haarwaschmittel, das Restaurant – Gasthaus, die Inlineskates – Rollschuhe, die Pommes frites – in Öl gebackene Kartoffelstäbchen, der Chip – Datenträger, das Mountainbike – Geländefahrrad, das Trikot – Sportoberbekleidung, die Mathematik – Wissenschaft der Raum- und Zahlengrößen, das Museum – Ausstellungsort

Richtig schreiben

Wörter mit und ohne Dehnungs-h merken

Merksatz
Manchmal folgt auf einen **langen** Vokal ein **Dehnungs-h**.
Dieses **h** kann aber nur vor den **vier Konsonanten l, m, n, r** stehen.
Man kann das **Dehnungs-h** beim Sprechen nicht hören.

1 Ordne die Wörter richtig zu und unterstreiche den Wortstamm.

~~zählen~~ Rahmen wohnen Einführung führen einrahmen Zahl bewohnen Bezahlung entführt eingerahmt verzählen Wohnung gezählt entrahmt ausführlich gewohnt

hl: *zählen, Zahl, Bezahlung, verzählen, gezählt*
hm: *Rahmen, eingerahmt, entrahmt, einrahmen*
hn: *wohnen, bewohnen, Wohnung, gewohnt*
hr: *Einführung, führen, entführt, ausführlich*

Merksatz
Manche Wörter mit **l, m, n, r** haben kein **Dehnungs-h**.
Beginnt ein Wort mit einem **T/t** oder mit einem **Sch/sch**, wird das Wort **ohne Dehnungs-h** geschrieben.

2 Mit oder ohne h? Schreibe die Wortpaare richtig auf.
Beachte dabei beide Merksätze!

ste▢len	schä▢len	Schwa▢n	Ba▢n
stehlen	*schälen*	*Schwan*	*Bahn*
To▢r	**O▢r**	**ne▢men**	**schä▢men**
Tor	*Ohr*	*nehmen*	*schämen*
Za▢l	**Ta▢l**	**Schü▢ler**	**Fü▢ler**
Zahl	*Tal*	*Schüler*	*Fühler*
scho▢nen	**wo▢nen**	**Ma▢sern**	**fa▢ren**
schonen	*wohnen*	*Masern*	*fahren*

3 Markiere in den Wörtern die Stellen, an denen du erkannt hast, ob man sie mit oder ohne **Dehnungs-h** schreibt.

Richtig schreiben

Lösungen

Wörter mit silbentrennendem h schreiben

Merksatz

Wenn bei zwei Silben **zwei Vokale** aufeinandertreffen, dann setzt man meistens ein **h** dazwischen: *blü-h-en*.
Dieses **h** kann man beim deutlichen Sprechen hören.
Es bleibt bei gebeugten Formen der Wörter erhalten: *sie blüht*.

1 Ordne die Verben in die Tabelle und ergänze die fehlenden Formen.

Infinitiv	Infinitiv mit Trennstrich	gebeugte Form
blühen	blü-hen	sie blüht
gehen	ge-hen	sie geht
sehen	se-hen	sie sieht
stehen	ste-hen	sie steht
nähen	nä-hen	sie näht
wehen	we-hen	es weht

~~sie blüht~~ ~~gehen~~ sehen sie steht sie näht wehen

2 Unterstreiche die Vokale in jedem Verb, die vor und nach dem **h** stehen.

3 Schreibe zu jedem Substantiv die Einzahl (den Singular) auf.

~~die Kühe~~ die Schuhe die Rehe die Zehen

die Kühe – die Kuh, die Schuhe – der Schuh,
die Rehe – das Reh, die Zehen – der Zeh

4 Setze im Text die Wörter vom Rand in der richtigen Form ein.

Auf einem Feld am Waldrand sieht Sarah eine Kuh.
Daneben steht doch tatsächlich ein Reh.
Sarah geht näher heran.

Doch da tritt sie mit dem Schuh auf einen trockenen Ast.
Sofort dreht sich das Reh um und rennt in den Wald.

sehen Kühe stehen Rehe gehen Schuhe drehen Rehe

Richtig schreiben

Das Subjekt ermitteln

Merksatz

Alle Sätze enthalten ein **Subjekt** und ein Prädikat.
Das **Subjekt** kann man mit der Frage **Wer** oder **was?** erfragen:
Wer oder was wartet? – ***Die Eltern** warten.*
Wer oder **was** beginnt? – ***Das Theaterstück** beginnt.*

1 Lies die Sätze.

Gestern kamen alle Eltern in die Schule.
Sie brachten Kuchen und Getränke mit.
Auf dem Hof fand unser Schulfest statt.
In der Aula sorgte die Schülerband für Stimmung.
Zum Schluss halfen wir dem Hausmeister beim Aufräumen.

2 Schreibe zu jedem Satz die Frage nach dem Subjekt auf.
Schreibe so: *Wer oder was kam gestern in die Schule? – alle Eltern*

Wer oder was brachte Kuchen und Getränke mit? – sie
Wer oder was fand auf dem Schulhof statt? – unser Schulfest
Wer oder was sorgte in der Aula für Stimmung? – die Schülerband Wer oder was half dem Hausmeister zum Schluss beim Aufräumen? – wir

3 Unterstreiche in den Sätzen von Aufgabe 1 die Subjekte einmal und die Prädikate zweimal.

4 Bilde aus den Satzgliedern drei Sätze und schreibe zu jedem Satz einen Fragesatz in dein Heft.

gestalten	~~Sophie und Tim~~	Werbeflyer
sammeln	ein anderes Team	Produktideen
kopieren	Frau Wagert	die Blätter

Satz: Sophie und Tim ... .
Frage: Wer oder was ... ?

Sprache untersuchen

Die Objekte ermitteln 1

Merksatz

In vielen Sätzen kommen **Objekte** (Ergänzungen) vor.
Mit der Frage **Wen** oder **was?** kann man das **Akkusativ-Objekt (AO)** erfragen:
***Wen** oder **was** vermisst Leo? Leo vermisst **seinen Freund**. (AO)*
***Wen** oder **was** schreibt er? Er schreibt **einen Brief**. (AO)*
Mit der Frage **Wem?** kann man das **Dativ-Objekt (DO)** erfragen:
***Wem** schreibt Leo? Leo schreibt **seinem Freund**. (DO)*

1 Lies die Sätze.

In der Deutschstunde
Die Kinder hören Leon zu.
Wem hören die Kinder zu? – Leon (DO)
Er stellt seinen Comic vor.
Wen oder was stellt er vor? – seinen Comic (AO)
Leon zeichnet immer seine Träume auf.
Wen oder was zeichnet Leon auf? – seine Träume (AO)
Die Comics gefallen den Kindern.
Wem gefallen die Comics? – den Kindern (DO)
Letzte Nacht begegnete ihm ein Monster.
Wem begegnete letzte Nacht ein Monster? – ihm (DO)
Es wollte dem Jungen etwas schenken.
Wem wollte es etwas schenken? – dem Jungen (DO)
Doch Leon bekam Angst.
Wen oder was bekam Leon? – Angst (AO)
Er lief dem großen Wesen davon.
Wem lief er davon? – dem großen Wesen (DO)
Da weckte die Mutter Leon auf.
Wen oder was weckte die Mutter da auf? – Leon (AO)

2 Alle markierten Satzglieder sind Objekte. Schreibe die Frage nach dem Objekt im ganzen Satz auf. Trage am Rand ein, ob es sich um ein Akkusativ-Objekt (AO) oder ein Dativ-Objekt (DO) handelt.

Sprache untersuchen

Die Objekte ermitteln 2

1 Lies die Sätze.

Die Kinder lesen ein Buch.
Es gefällt allen gut.
Sie entdecken viele Bilder.
Ein Rätsel können die Kinder nicht lösen.
Jonas hilft ihnen.
Er gibt den Kindern einen Tipp.
Jonas darf allen das Rätsel erklären.
Die Kinder wollen es nun den Eltern vorlesen.

2 In jedem Satz stehen ein oder zwei Objekte.
Stelle zu den Objekten Fragen.
Unterstreiche die Objekte unterschiedlich.

Wen oder was lesen die Kinder? (AO)
Wem gefällt es gut? (DO)
Wen oder was entdecken sie? (AO) Wen oder was können die Kinder nicht lösen? (AO) Wem hilft Jonas? (DO) Wem gibt Jonas einen Tipp? (DO)
Wen oder was gibt Jonas den Kindern? (AO)
Wem darf Jonas das Rätsel erklären. (DO)
Wen oder was darf Jonas allen erklären? (AO)
Wen oder was wollen die Kinder den Eltern vorlesen? (AO) Wem wollen die Kinder ... vorlesen? (DO)

3 Bilde mit den Objekten und den Prädikaten eigene Sätze.
Die Subjekte und die anderen Satzglieder musst du dir selbst ausdenken.

gefällt – mir leihen – ein Buch überraschen – ihn

Mein neues Fahrrad gefällt mir.
Ich leihe mir ein Buch von meinem Freund.
Lisa überrascht ihn mit einer Eins in Mathe.

Sprache untersuchen

Lösungen

Was kann ich nun?

Teste dich selbst. Bearbeite die folgenden Aufgaben.
Male in die Kreise: Die Aufgabe war leicht ☺, mittel 😐, schwer ☹.

1 Setze beim Abschreiben die fehlenden Wörter ein.

Lars hat einen neuen [Laptop] bekommen.

Lars hat einen neuen Laptop bekommen.

Gleich sause ich mit meinen [Inlineskates] los.

Gleich sause ich mit meinen Inlineskates los.

2 Mit h oder ohne h? Schreibe die Wortgruppen richtig auf.

die U-Ba■n – der junge Schwa■n

die U-Bahn – der junge Schwan

der schiefe To■n – der große So■n

der schiefe Ton – der große Sohn

sich schä■men – den Bus ne■men.

sich schämen – den Bus nehmen

3 Markiere in den Wörtern die Stellen, an denen du erkannt hast, ob sie mit oder ohne Dehnungs-h geschrieben werden.

4 Schreibe die Verben in der gebeugten Form mit **er** oder **es** auf:

glühen sehen fliehen ruhen

es glüht, er sieht, er flieht, er ruht

5 Trage zu jedem Satz in die Kästen ein, um welches Objekt es sich handelt: Akkusativ-Objekt (AO) oder Dativ-Objekt (DO)?

Ein verliebter Riese sucht seinen Spiegel. *AO*
Er möchte einer zarten Elfe gefallen. *DO*
Der Riese schreibt dem hübschen Wesen einen Brief. *DO* *AO*
Sie schickt ihm eine duftende Blume. *DO* *AO*

Wörter üben

vorfahren Erzählung Luftpumpe fettig flitzen verdecken rennen Verkleidung beenden Fahrrad friedlich Zeugnis vorlesen

1 Schreibe die Wörter mit Trennstrichen auf.

vor-fah-ren, Er-zäh-lung, Luft-pum-pe, fet-tig, flit-zen, ver-de-cken, ren-nen, Ver-klei-dung, be-en-den, Fahr-rad, fried-lich, Zeug-nis, vor-le-sen

2 Schreibe alle Verben ab. Markiere den Wortstamm:

vorfahren, flitzen, beenden, verdecken, rennen, vorlesen

3 Schreibe die Verben in der gebeugten Form mit **er** im Präsens, Präteritum und im Perfekt auf:

er fährt vor, er fuhr vor, er ist vorgefahren
er flitzt, er flitzte, er ist geflitzt
er verdeckt, er verdeckte, er hat verdeckt
er rennt, er rannte, er ist gerannt
er beendet, er beendete, er hat beendet
er liest vor, er las vor, er hat vorgelesen

4 Ordne die Wörter nach dem Alphabet.

beenden, Erzählung, Fahrrad, fettig, flitzen, friedlich, Luftpumpe, rennen, verdecken, Verkleidung, vorfahren, vorlesen, Zeugnis

Wörter mit den Wortbausteinen Ver-/ver- und Vor-/vor- bilden

1 Bilde mit den Vorsilben **ver-** und **vor-** Verben. Schreibe sie geordnet auf.

ver- vor- ~~suchen~~ rechnen nehmen stecken fahren lassen legen handeln

Verben mit **ver-**: *versuchen, verrechnen, verfahren, verlassen, vernehmen, verstecken, verlegen, verhandeln*

Verben mit **vor-**: *vorrechnen, vorfahren, vorlassen, vornehmen, vorlegen*

2 Schreibe zu diesen Substantiven ein verwandtes Wort mit derselben Vorsilbe auf.

Verdacht: *verdächtig* Vorbereitung: *vorbereiten*
Verlängerung: *verlängern* Vorsicht: *vorsichtig*
Verwarnung: *verwarnen* Vortrag: *vortragen*

3 Setze **Ver-/ver-** oder **Vor-/vor-** so in die Lücken ein, dass ein passendes Wort entsteht.

Bei einem Fußballspiel gibt es manchmal eine *Ver*längerung.

*Vor*sicht, der Boden ist rutschig!

Unsere Eltern sind für uns *ver*antwortlich.

Du musst nicht rückwärts sondern *vor*wärts fahren.

Das hättest du dir *vor*her überlegen sollen.

Du hast das T-Shirt *ver*kehrt herum angezogen.

4 Schreibe Sätze mit diesen Wörtern in dein Heft.

verlesen vorlesen vertragen vortragen

Adjektive mit den Wortbausteinen -ig, -lich, -isch bilden

Merksatz

Viele Adjektive enden auf **-ig**, **-lich** oder **-isch**: *schwierig, feindlich, stürmisch.*
Wenn man die Adjektive **verlängert**, kann man die Endung besser hören: *schwierige, feindliche, stürmische.*

1 Bilde aus den Wörtern und Bildwörtern Adjektive mit **-ig**, **-lich** oder **-isch**.

~~Neugier~~ Gefahr Neid Durst Tag Freund Himmel Sturm Schmutz Feind [Sonne] [Regen]

Adjektive mit **-ig**: *neugierig, sonnig, durstig, schmutzig*

Adjektive mit **-lich**: *freundlich, gefährlich, täglich, feindlich*

Adjektive mit **-isch**: *regnerisch, neidisch, himmlisch, stürmisch*

2 Schreibe mit den Adjektiven von Aufgabe 1 Wortgruppen in dein Heft: *das neugierige Kind, ...*

3 Die folgenden Adjektive werden mit der Endung **-ig** gebildet, obwohl man beim Sprechen ein **lich** hört: hügelig.
Das **l** gehört jedoch zum Substantiv (Hügel) und nicht zum Wortbaustein **-lich**. Bilde aus den Substantiven Adjektive.

~~Hügel~~ Ekel Grusel Schwindel Kugel Pickel Stachel

hügelig, ekelig, gruselig, schwindelig, kugelig, pickelig, stachelig

4 Setze passende Adjektive in die Lücken ein. Die Wörter am Rand helfen dir.

Laura ist ein *sportliches* Mädchen. Sport

Am Meer ist ein *steiniger* Strand. Stein

Lösungen

Substantive mit den Wortbausteinen -ung, -heit, -keit, -nis, -schaft bilden

1 Markiere im Suchsel je ein Substantiv mit **-ung**, **-heit**, **-keit**, **-nis** und **-schaft**.

B	R	A	P	F	R	E	I	H	E	I	T	S	N
H	I	I	B	E	R	L	E	B	N	I	S	R	U
U	X	N	M	R	E	T	T	U	N	G	I	S	E
O	D	A	N	K	B	A	R	K	E	I	T	E	U
V	E	R	W	A	N	D	T	S	C	H	A	F	T

2 Schreibe zu jedem Substantiv ein verwandtes Verb oder Adjektiv auf.

Schreibe so: *Freiheit* – *frei*

Erlebnis – *erleben*

Rettung – *retten*

Dankbarkeit – *danken*

Verwandtschaft – *verwandt*

Merksatz

Viele **Substantive** kann man an **Wortbausteinen** am Ende eines Wortes erkennen:
-ung: Entschuldigung **-heit:** Klugheit **-keit:** Höflichkeit
-nis: Hindernis **-schaft:** Verwandtschaft
Wörter mit diesen **Wortbausteinen** werden **großgeschrieben.**

3 Bilde aus den Wörtern Substantive mit den Endungen **-ung**, **-heit**, **-keit**, **-nis** oder **-schaft**. Schreibe sie geordnet auf.

~~werben~~ schön möglich finster Mann begründen hindern Freund sicher tapfer dumm zuverlässig untersuchen erlauben Meister

-ung: *Werbung, Begründung, Untersuchung*

-heit: *Schönheit, Sicherheit, Dummheit*

-keit: *Möglichkeit, Tapferkeit, Zuverlässigkeit*

-nis: *Finsternis, Hindernis, Erlaubnis*

-schaft: *Mannschaft, Freundschaft, Meisterschaft*

▸ Sprachbuch: Seite 84
Lernsoftware: Nr. 30

Substantive mit Verben oder Adjektiven zusammensetzen

Merksatz

Wenn du aus einem **Verb** und einem **Substantiv** ein **zusammengesetztes Substantiv** bildest, musst du etwas weglassen: *laufen + die Schuhe = die Laufschuhe*
hängen + die Matte = die Hängematte

1 Welche zusammengesetzten Substantive sind gemeint?

Einen Sack, in dem man schlafen kann, nennt man *Schlafsack*.

Eine Wand, an der man klettern kann, nennt man *Kletterwand*.

Ein Blech, das vor Schmutz schützt, ist ein *Schutzblech*

2 Zerlege die zusammengesetzten Substantive.

die Rennbahn: *~~rennen~~* + *die Bahn*

die Badewanne: *baden* + *die Wanne*

das Spülbecken: *spülen* + *das Becken*

3 Streiche in den Verben von Aufgabe 2 den Teil durch, der beim Zusammensetzen wegfällt.

Merksatz

Du kannst auch aus einem **Adjektiv** und einem **Substantiv** ein **zusammengesetztes Substantiv** bilden:
klein + der Wagen = der Kleinwagen

4 Setze die Adjektive und die Substantive zusammen.

alt + das Papier   hoch + das Haus   faul + das Tier

das Altpapier, das Hochhaus, das Faultier

5 Zerlege die zusammengesetzten Substantive in deinem Heft:
die Rundfahrt: rund + die Fahrt, …

~~die Rundfahrt~~ der Buntstift das Falschgeld der Grünschnabel

▸ Sprachbuch: Seite 85
Lernsoftware: Nr. 20

Verben zu Wortfeldern zusammenstellen

Merksatz

Wörter, die etwas Ähnliches bedeuten, gehören zu einem **Wortfeld**.
Zum Wortfeld **sprechen** gehören: *reden, rufen, sagen, …*
Zum Wortfeld **fahren** gehören: *sausen, tuckern, rollen, …*

1 Immer drei vier Verben gehören zum gleichen Wortfeld. Ordne sie richtig zu.

speisen kichern überlegen grübeln schmunzeln ernähren planen naschen gackern abwägen schmausen grinsen

essen: *speisen, ernähren, naschen, schmausen*

denken: *überlegen, grübeln, planen, abwägen*

lachen: *kichern, schmunzeln, gackern, grinsen*

2 Lies den Text und setze das passende Verb aus dem Wortfeld **sehen** ein.

blinzeln besichtigen nachsehen glotzen beobachten

Ich muss im Wörterbuch *nachsehen*. Wir *besichtigen* ein Museum. Bei starkem Sonnenschein muss ich *blinzeln*. *Glotz* mich nicht so an! Ich fühle mich *beobachtet*.

3 Ordne die Verben des Wortfeldes **gehen** in die richtige Spalte ein.

schnell gehen	langsam gehen
rennen	*schlendern*
flitzen	*bummeln*
rasen	*schleichen*

rennen schlendern bummeln flitzen schleichen rasen

4 Setze in die Lücken ein passendes Verb aus dem Wortfeld **gehen** ein.

Die Kinder *rennen* um die Wette.

Wir *schlendern* gemütlich durch den Wald.

Die Diebe *schleichen* vorsichtig um das Haus.

▸ Sprachbuch: Seite 86
Lernsoftware: Nr. 3, 36

Zeitformen anwenden 1

Merksatz

Verben können in verschiedenen **Zeitformen** stehen:

im **Präsens**:	*ich reite*	*ich wasche mich*
im **Präteritum**:	*ich ritt*	*ich wusch mich*
im **Perfekt**:	*ich bin geritten*	*ich habe mich gewaschen*

1 Ordne den Verben im Präteritum den Infinitiv zu:

~~wissen~~ haben geben geschehen tun nehmen dürfen kommen

ich wusste – *wissen*   er hatte – *haben*

er gab – *geben*   es geschah – *geschehen*

es tat – *tun*   sie nahm – *nehmen*

er kam – *kommen*   er durfte – *dürfen*

2 Vervollständige die Tabelle. Du kannst mit dem Wörterbuch arbeiten.

Präsens	Präteritum	Perfekt
ich fahre	*ich fuhr*	*ich bin gefahren*
er *gibt*	er *gab*	er hat gegeben
wir gehen	wir *gingen*	wir *sind gegangen*
ihr *kommt*	ihr kamt	ihr *seid gekommen*
sie *nimmt*	sie *nahm*	sie hat genommen
er *tut*	er tat	er *hat getan*
du *bist*	du warst	du *bist gewesen*
sie *hat*	sie *hatte*	sie hat gehabt

3 Schreibe die Infinitive dieser Verbformen auf:

ich bin gerannt – rennen   wir haben geschrien – *schreien*

du hast gekannt – *kennen*   ihr seid geritten – *reiten*

er ist geschlichen – *schleichen*   sie haben gestritten – *streiten*

▸ Sprachbuch: Seite 87–88
Lernsoftware: Nr. 37–39

Zeitformen anwenden 2

Merksatz

Das **Präsens** verwenden wir, wenn wir über etwas **sprechen** oder **schreiben**, was gerade – in der **Gegenwart** – geschieht.
Das **Präteritum** verwenden wir meistens dann, wenn wir über etwas **Vergangenes schreiben**.
Das **Perfekt** verwenden wir meistens dann, wenn wir über etwas **Vergangenes sprechen**.

1 Setze die Verben in den Zeitformen ein, die am Rand stehen.

Liebe Melina,
gestern *habe* ich mich mit Pia und Nino *getroffen*. — treffen (Perfekt)
Die beiden *sprechen* nur italienisch. — sprechen (Präsens)
Aber beim Tretbootfahren *haben* wir uns doch *verstanden*. — verstehen (Perfekt)

Manchmal *sagte* Nino „a sinistra“ — sagen (Präteritum)
und da *habe* ich nach links *gelenkt*. — lenken (Perfekt)
Und wenn Pia „a destra“ *sagte* — sagen (Präteritum)
habe ich nach rechts *gelenkt*. — lenken (Perfekt)
Das *ging* ganz einfach, — gehen (Präteritum)
denn sie *zeigte* es mir immer. — zeigen (Präteritum)
So *habe* ich die ersten italienischen Wörter *gelernt*. — lernen (Perfekt)
Heute Nachmittag *wollen* wir uns wieder treffen. — wollen (Präsens)
Dann *werden* wir zusammen *baden* gehen. — baden (Futur)
Ich *berichte* dir nach unserem Urlaub, ob ich — berichten (Präsens)
noch mehr Wörter *gelernt* *habe*. — lernen (Perfekt)
Bis bald deine Hannah

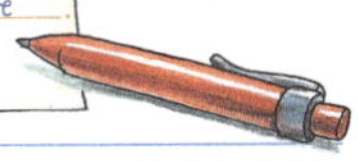

Sprache untersuchen

© Westermann Gruppe

▸ Sprachbuch: Seite 87–88
± Lernsoftware: Nr. 37–39

Was kann ich nun?

Teste dich selbst. Bearbeite die folgenden Aufgaben.
Male in die Kreise: Die Aufgabe war leicht ☺, mittel 😐, schwer ☹.

1 Setze die Wörter sinnvoll in die Wortgruppen ein.

vertragen Vertrag vortragen Vortrag

einen *Vortrag* halten, ein Gedicht *vortragen*,
sich nach einem Streit *vertragen*, einen *Vertrag* unterschreiben

2 Bilde aus den Substantiven Adjektive mit den Endungen **-ig**, **-lich** oder **-isch**. Setze sie passend in die Lücken ein.

Regen Glück Dreck

der *glückliche* Sieger
das *dreckige* Auto
der *regnerische* Tag

3 Bilde aus den Verben und Adjektiven Substantive mit bestimmtem Artikel mit den Endungen: **-ung**, **-heit**, **-keit**, **-nis** oder **-schaft**.

schön verwandt möglich hindern retten

die Schönheit, die Verwandtschaft, die Möglichkeit, das Hindernis, die Rettung

4 Welche zusammengesetzten Substantive sind gemeint?

 *Buntstift*  *Badewanne*

5 Welche Verben gehören zum Wortfeld **fahren**? Schreibe sie auf.

radeln flüstern sausen rollen sich äußern reden rufen rasen

fahren: *radeln, sausen, rollen, rasen*

6 Vervollständige die Tabelle.

Infinitiv	Präsens	Präteritum	Perfekt
fahren	du *fährst*	du *fuhrst*	du *bist gefahren*
kommen	er *kommt*	er *kam*	er *ist gekommen*

Was kann ich nun?

© Westermann Gruppe

☐ Lösungen: Seite x
▸ Sprachbuch: Seite 93

Wörter mit ä und äu ableiten

Merksatz

Zu Wörtern mit ä oder äu findet man meist verwandte Wörter mit **a** oder **au**:
Plätzchen – Platz, glänzen – Glanz
räumen – Raum, Mäuse – Maus.

1 Bilde die Mehrzahl (den Plural) der Substantive.

Arzt – *Ärzte* Raum – *Räume*
Kamm – *Kämme* Pass – *Pässe*
Traum – *Träume* Angst – *Ängste*
Apfel – *Äpfel* Nagel – *Nägel*
Bank – *Bänke* Schrank – *Schränke*

2 Markiere die acht Wörter mit ä oder äu im Suchsel.

3 Schreibe die Wörter aus dem Suchsel auf und finde jeweils ein verwandtes Wort. Achte dabei auf die Groß- und Kleinschreibung!

U	N	G	E	F	Ä	H	R	U
S	R	E	G	L	X	Y	S	E
G	I	W	V	Z	Ä	U	N	E
Ä	L	Ä	R	Ä	U	B	E	R
N	S	C	H	Ä	U	M	E	N
S	C	H	Ä	R	F	E	P	G
E	Q	S	X	O	T	Z	T	I
G	E	B	Ä	U	D	E	L	N

ungefähr – Gefahr, Gewächs – wachsen,
Gänse – Gans, Gebäude – bauen,
Zäune – Zaun, Räuber – rauben,
schäumen – Schaum, Schärfe – scharf

4 Diese Wörter musst du dir merken.
Schreibe mit jedem Wort einen Satz in dein Heft.

nämlich ärgern Mädchen hässlich spät dämlich krächzen kläffen

Richtig schreiben

© Westermann Gruppe

▸ Sprachbuch: Seite 103
± Lernsoftware: Nr. 17, 18

Wortmuster erkennen

Merksatz

Alle Wörter haben einen Wortstamm.
Diese Wortbausteine kann man an den **Wortstamm** anfügen:
- Vorsilben (*ge-, ver-, ent-, auf-, ab-, …*) — *ge-* *heim*
- Nachsilben (*-ung, -heit, -lich, …*) — *heim* *lich*
- Endungen (*-t, -en, -st, …*)

1 Trage die Wortbausteine der Wörter in die Baupläne ein.

Abflug: *Ab-* | *flug* — *Gespräch*
Magnetfeld: *Magnet* | *feld* — *Flugzeug*
gefährlich: *ge* | *fähr* | *lich* — *gelenkig*
drehen: *dreh* | *en* — *stehen*

2 Finde für jeden Bauplan von Aufgabe 1 ein eigenes Beispiel.

3 Welches Wort passt zu welchem Bauplan? Verbinde.

Landung
abfliegen
Raumschiff
Versteck

4 Zeichne für diese Wörter Baupläne.

Geheimnis	strömen	unklar
◁ ☐ ▷	☐ ▷	◁ ☐
Flugbahn	**magnetisch**	**Mondlandung**
☐ ☐	☐ ▷	☐ ☐ ▷

Richtig schreiben

© Westermann Gruppe

▸ Sprachbuch: Seite 104
± Lernsoftware: Nr. 19

Lösungen

Lösungen

Besondere Verben kennenlernen: Modalverben

Merksatz

Verben wie ***müssen, mögen, sollen, wollen,***
können und ***dürfen*** treten in einem Satz häufig nicht allein auf.
Sie werden von einem **anderen Verb im Infinitiv** (Grundform) begleitet.
Diese Verben heißen Modalverben.
*Paul **muss** noch eine Eintrittskarte **kaufen**.*

1 Unterstreiche in den Sätzen die Modalverben und die Verben im Infinitiv.

Die Außerirdischen wollen zum Mars reisen. Brutus soll das Ufo fliegen.
Sie müssen einen Umweg machen. „Darf ich kurz auf dem Mond landen?
Dann können wir unsere Nachbarn besuchen."

2 Bilde mit den Wörtern Sätze. Du musst das Modalverb beugen.

Mutti | ich | helfen | mögen | beim Spülen

Ich möchte Mutti beim Spülen helfen.

mein Vater | müssen | aufpassen | beim Kochen

Mein Vater muss beim Kochen aufpassen.

ein Abenteuer | du | können | erleben

Du kannst ein Abenteuer erleben.

mich | dürfen | besuchen | Tim

Tim darf mich besuchen.

nichts | mögen | ich | trinken

Ich mag nichts trinken.

3 Was bedeuten diese Schilder?
Schreibe Sätze, in denen Modalverben vorkommen.

Hier darf man reiten.
Hier darf man Fahrrad fahren.
Hier darf man nicht Roller fahren.

▸ Sprachbuch: Seite 105

Sprache untersuchen

Präpositionen verwenden

Merksatz

Wörter wie *an, auf, bei, durch, für, hinter, in, mit, nach, neben, ohne, um, unter, von, zu* nennt man **Präpositionen**.
Nach den meisten Präpositionen stehen **Nomen** oder **Pronomen**
- im **Akkusativ**: *durch den Park, in das Weltall, ohne uns,*
- im **Dativ**: *hinter dem Bus, aus dem Weltall, mit euch.*

1 Setze die Präpositionen aus dem Kasten ein.

Notlandung *in* **einem Wald**

Nils und Emma machten einen Ausflug *in* den Wald.
Sie entdeckten *neben* einem Baum einen großen runden Gegenstand. Als sie ihn berührten, stieg ein grünes Männchen *aus* dem Fundstück. „Das ist ein Außerirdischer", sagte Emma *zu* ihrem Freund. „Meinst du, wir müssen Angst *vor* ihm haben?", fragte Nils leise. „Ich gehöre *zu* einer friedlichen Gruppe, keine Sorge!", bemerkte das Männchen. Es setzte sich *auf* einen Baum und erzählte den Kindern, dass er Streit *mit* seinen Freunden hatte. „Deshalb bin ich *von* meinem Heimatplaneten Streifus weggeflogen. Doch bekam ich Heimweh.
Ich wollte wieder *zu* meiner Familie,
aber der Motor *von* meinem Ufo ging kaputt. Ich musste *bei* euch notlanden," erklärte das traurige Männchen.
„Du kannst *mit* unserer Hilfe rechnen. Ich kann dein Raumschiff *mit* ein paar Handgriffen reparieren,"
versprach Nils.
Emma holte das nötige Werkzeug *aus* Vaters Garage.
Gemeinsam brachten sie das Ufo wieder *in* Ordnung.
„Vielen Dank! Ich hätte es *ohne* euch nicht geschafft."
Das Männchen verabschiedete sich *von* den Kindern.

auf
aus
bei
in
in
mit
mit
mit
neben
von
von
vor
zu
zu
zu

▸ Sprachbuch: Seite 106

Sprache untersuchen

Ortsbestimmungen erkennen

Merksatz

Die **Ortsbestimmung** ist ein Satzglied, das man
mit den Fragewörtern **wo, woher, wohin** bestimmen kann:
Neil Armstrong stand als erster Mensch auf dem Mond.
Wo** stand Neil Armstrong als erster Mensch? – **auf dem Mond

1 Unterstreiche die Ortsangaben in den Sätzen.
Schreibe die Frage nach dem Ort auf.

Die Rakete landete auf dem Planeten Merkur. *Wo landete die Rakete?*

Sie kam von der Erde. *Woher kam sie?*

Jedoch sollte sie zum Mars fliegen. *Wohin sollte sie jedoch fliegen?*

2 Streiche alle Wortgruppen durch,
die keine Ortsbestimmungen sind.

auf dem Mond	~~seit dem Start~~	über dem Kopf
~~um Mitternacht~~	neben der Rakete	~~nach der Reise~~
am Himmel	~~vor dem Frühstück~~	vor dem Haus

3 Schreibe mit den Ortsbestimmungen von Aufgabe 2 einige Sätze.

Auf dem Mond gibt es keine Bäume.
Am Himmel kann ich viele Sterne sehen.
Neben der Rakete steht ein kleiner Astronaut.
Über dem Kopf fliegt eine Fliege.

4 Ordne jedem Fragewort die passende Ortsbestimmung zu.

in die Alpen | auf der Straße | aus Erfurt | ins Museum | neben dem Ufo | aus dem All

Wohin?	Wo?	Woher?
in die Alpen	*auf der Straße*	*aus Erfurt*
ins Museum	*neben dem Ufo*	*aus dem All*

▸ Sprachbuch: Seite 107

Sprache untersuchen

Zeitbestimmungen erkennen

Merksatz

Die **Zeitbestimmung** ist ein Satzglied,
das man mit den Fragewörtern **wann, wie oft** und
wie lange bestimmen kann:
Neil Armstrong landete 1969 auf dem Mond.
Wann** landete Neil Armstrong auf dem Mond? – **1969

1 Schreibe zu jedem Satz die passende Frage
nach der Zeitbestimmung auf.
Nutze dazu die Fragewörter **wann, wie oft** oder **wie lange**.

Galileo Galilei ist ein bedeutender Astronom.
Er wurde am 15. Februar 1564 geboren.

Wann wurde Galileo Galilei geboren?

Galilei studierte vier Jahre lang Mathematik und Medizin.

Wie lange studierte Galilei Mathematik und Medizin?

Im Jahr 1609 baute er das erste Fernrohr nach.

Wann baute er das erste Fernrohr nach?

Fast jede Nacht beobachtete er den Sternenhimmel.

Wie oft beobachtete er den Sternenhimmel?

Der Astronom reiste sechsmal nach Rom.

Wie oft reiste der Astronom nach Rom?

Galilei lebte fast 80 Jahre lang.

Wie lange lebte Galilei?

2 Lies die Sätze und unterstreiche die Zeitbestimmungen.

Heute startet eine Rakete zur Raumstation.
Sie wird nur wenige Stunden unterwegs sein.
Der Astronaut war bereits zweimal im Weltall.

▸ Sprachbuch: Seite 108

Sprache untersuchen

Reise ins Universum

Mit Adjektiven vergleichen

Merksatz

Es gibt drei **Vergleichsstufen: Grundstufe, Mehrstufe, Meiststufe.**
Manche Adjektive verändern sich beim Steigern:
groß – größer – am größten, hoch – höher – am höchsten.
Beim Vergleichen gebraucht man die Wörter **wie** und **als**:
so groß wie, größer als.

1 Setze ein und zeichne, was fehlt.

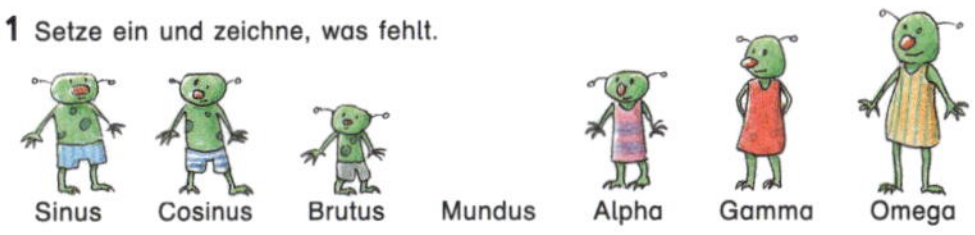

Sinus Cosinus Brutus Mundus Alpha Gamma Omega

genauso groß wie größer als kleiner als am kleinsten halb so groß wie am größten wie als

Gamma ist kleiner als Omega.

Alpha ist größer als Brutus.

Sinus ist genauso groß wie Cosinus.

Omega ist am größten.

Brutus ist am kleinsten.

Außerdem ist er genau halb so groß wie Omega.

Wie groß aber ist Mundus? Er ist genauso groß wie Alpha, also kleiner als Gamma und Omega.

2 Ergänze die Tabelle. Nutze dein Wörterbuch.

Grundstufe	Mehrstufe	Meiststufe
gut	besser	am besten
hoch	höher	am höchsten
nah	näher	am nächsten

▸ Sprachbuch: Seite 109
± Lernsoftware: Nr. 34

Sprache untersuchen

Reise ins Universum

Zeitform Futur anwenden

Merksatz

Mithilfe des **Futurs** kann man beschreiben,
was in der **Zukunft** geschehen wird. Das Futur besteht aus
einer Form von **werden** und dem Verb im Infinitiv (Grundform).
*Wir **werden** auf den Mars fliegen.*
*Ich **werde** einen neuen Planeten erforschen.*

1 Welche der Sätze stehen im Futur? Markiere sie.

Emil besucht seinen Freund. | Emil wird seinen Freund besuchen. ✗

Wir werden heute eine Rakete basteln. ✗ | Wir basteln heute eine Rakete.

Sie wird auf unserem Schulhof starten. ✗ | Sie startet auf unserem Schulhof.

Unser Lehrer hat uns dabei geholfen. | Unser Lehrer wird uns dabei helfen. ✗

2 Unterstreiche in Aufgabe 1 die Verben im Futur.

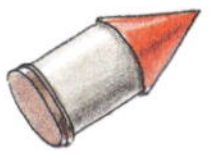

3 Schreibe diese Sätze im Futur auf.

Sarah liest ein Buch über Außerirdische.
Sarah wird ein Buch über Außerirdische lesen.

Max schaut eine Sendung über Ufos.
Max wird eine Sendung über Ufos schauen.

Im Unterricht malen wir Planeten.
Im Unterricht werden wir Planeten malen.

Oma geht mit mir ins Kino.
Oma wird mit mir ins Kino gehen.

4 Wie stellst du dir deine Zukunft vor? Vervollständige die Sätze im Futur.

Welchen Beruf wirst du haben? Ich werde später Ärztin.

Wo wirst du wohnen? Ich werde auf einem Bauernhof wohnen.

Was wirst du unternehmen? Ich werde schwimmen gehen.

▸ Sprachbuch: Seite 110

Sprache untersuchen

Reise ins Universum

Texte zusammenfassen

1 Lies den Text

Eine Brausepulverrakete basteln

Tim hat heute mit Emma eine richtige kleine Rakete im Garten gebaut. ~~Erst wollte seine Freundin nicht, aber dann hat Tim sie doch zu diesem Experiment überredet. In einer Zeitschrift hatte er schon einmal etwas über diesen Versuch gelesen.~~ Dazu bastelten sie aus einem Papierkreis eine Spitze. Als Raketenkörper benutzten die beiden ein altes Filmdöschen. ~~Zuerst haben sie Tims Mutter danach gefragt, aber sie hatte leider keine Filmdose mehr. Emmas Opa konnte den beiden zum Glück weiterhelfen.~~
Tim öffnete die Dose und legte den Deckel auf den Tisch. Währenddessen klebte Emma die Spitze an die geschlossene Dosenseite. ~~Das war gar nicht so einfach. Erst war der Kleber leer, dann wollte die Spitze einfach nicht kleben bleiben. Zum Glück hatte Tim eine Idee.~~ Mit Klebeband hielt die Spitze endlich.
Danach holte Emma Wasser aus dem Haus. ~~Beim ersten Versuch stolperte sie über einen Stein, der auf dem Weg lag, und verschüttete das ganze Wasser. Beim zweiten Mal kam der Wasserbecher aber gefüllt bei Tim auf dem Gartentisch an. Tim wollte die Rakete unbedingt selbst starten, aber weil Emma ihn so traurig anschaute, ließ er sie den ersten Versuch machen.~~ Vorsichtig schüttete sie Brausepulver in die Dose und gab Wasser dazu. Danach drückte Emma den Deckel wieder auf die Dose. Nun warteten die beiden ab. ~~Einige Zeit passierte nichts. Tim war schon ganz enttäuscht.~~ Dann knallte es plötzlich und die Rakete flog in die Luft. ~~Emma hat sich sogar ein wenig erschrocken. Am Ende waren beide glücklich, dass ihr Experiment funktioniert hat. An diesem Tag startete die Rakete noch einige Male.~~

2 Stell dir vor, du möchtest das Experiment nachmachen. Welche Sätze helfen dir dabei? Markiere sie.

3 Streiche alle unnötigen Sätze durch.

4 Schreibe den verbleibenden Text ab.

▸ Sprachbuch: Seite 112, 113

Texte verfassen

Reise ins Universum

Was kann ich nun?

Teste dich selbst. Bearbeite die folgenden Aufgaben.
Male in die Kreise: Die Aufgabe war leicht ☺, mittel 😐, schwer ☹.

1 Schreibe die Mehrzahl (den Plural) zu diesen Bildwörtern auf.

Bäume Kämme Bänke Zäune

2 Zeichne die Baupläne dieser Wörter auf.

landen	Abflug	unheimlich
▭ ▷	◁ ▭	◁ ▭ ▷

3 Bilde aus den Wörtern kurze Sätze.
Unterstreiche das Modalverb grün und das Verb im Infinitiv blau.

zum Mond wollen er fliegen

Er will zum Mond fliegen.

eine Geschichte du sollen vorlesen

Du sollst eine Geschichte vorlesen.

4 Setze die fehlenden Kommas ein.

Ich wünsche mir ein Fernrohr, Bücher, einen Zauberkasten und einen Ball zum Geburtstag.

5 Schreibe den Satz von Aufgabe 4 im Futur in dein Heft.

6 Was passt? Unterstreiche das passende Satzende.

Wir fahren mit dem Bus **ins Museum. / im Museum.** Ortsbestimmung
Galilei lebte **vor langer Zeit. / seit langer Zeit.** Zeitbestimmung

7 Schreibe auf die Linien von Aufgabe 6: Orts- oder Zeitbestimmung.

8 Setze die passenden Präpositionen ein.

Morgens steige ich aus dem Bett.

Ich packe meine Bücher in den Ranzen.

☐ Lösungen: Seite x ▸ Sprachbuch: Seite 117

Was kann ich nun?

Lösungen

Lösungen

Wörter mit chs und ai üben

1 Im Suchsel haben sich vier Substantive mit **chs** und vier Substantive mit **ai** versteckt. Markiere sie.

2 Schreibe die Substantive mit Artikel auf. Nutze dein Wörterbuch.

A	W	P	X	E	T	G	Z	F	O
Ö	M	A	I	Ü	J	E	F	U	P
W	A	C	H	S	K	W	P	C	L
A	X	Y	A	C	V	Ä	N	H	M
I	K	E	I	D	E	C	H	S	E
S	L	G	H	M	B	H	G	N	L
E	X	A	K	A	I	S	E	R	W

Substantive mit **chs**:
das Gewächs, der Fuchs,
die Eidechse, das Wachs

Substantive mit **ai**:
die/der Waise, der Mai,
der Kaiser, der Hai

3 Setze die Substantive zusammen und schreibe sie mit Artikel auf.

Mai – Fisch; Gitarren – Käfer; Hai – Saite; [Frosch] – Kolben; [Mais] – Laich

der Maikäfer
die Gitarrensaite
der Haifisch
der Froschlaich
der Maiskolben

4 Setze die Verben in der richtigen Form ein.

wachsen **wechseln**

Die Pflanze wächst zum Licht.
Der Kassierer wechselt das Geld.
Der Sportler wechselt sein Trikot.
Die Arbeit wächst mir über den Kopf.

▸ Sprachbuch: Seite 124

Wörter mit s und ß verlängern

Merksatz
Manchmal hören sich **s** und **ß** gleich an:
Glas – Spaß, er niest – es fließt.
Wenn du die Wörter verlängerst, kannst du hören, ob sie mit **s** oder **ß** geschrieben werden: *Gläser – Späße, niesen – fließen.*

1 Sprich die Wörter. Klingt der **s**-Laut gesummt oder gezischt?
Ordne die Wörter richtig zu und markiere **s** und **ß**.

speisen losen grüßen stoßen
Gräser Füße Kreise Grüße

klingt gesummt: speisen, losen, Gräser, Kreise
klingt gezischt: grüßen, stoßen, Grüße, Füße

2 Schreibe die Verben ab und ergänze die Infinitive.

~~er liest~~ es bläst sie gießt er schließt es reißt sie rast

er liest – lesen, es bläst – blasen,
sie gießt – gießen, er schließt – schließen,
es reißt – reißen, sie rast – rasen

3 Setze **s** oder **ß** richtig ein.

Wunschlos glücklich
Simons Familie reist in den Sommerferien ans Meer.
Während der Fahrt gießt es leider in Strömen. Simons Schwester Susi döst die meiste Zeit. Erst als sie ankommen, reißt die Wolkendecke auf. Sofort wird Susi munter und saust zum Strand. Simon rast hinterher. Der Wind bläst so heftig, dass es in den Ohren braust.
Herrlich! Simon löst vorsichtig eine Muschel aus dem Sand.
Sie gefällt ihm ganz besonders und er hat sie selbst gefunden.

4 Diese Wörter musst du dir merken. Suche sie im Text und markiere sie.

ans meiste erst es besonders selbst

▸ Sprachbuch: Seite 125, 126
⤓ Lernsoftware: Nr. 15

Gleichklingende Wörter unterscheiden

Merksatz
Es gibt Wörter, die gleich klingen,
aber eine unterschiedliche Bedeutung haben.
Sie werden auch unterschiedlich geschrieben.

1 Überlege, wann man welches Wort benutzt.

fiel oder **viel**?
Das Kind fiel hin. Ich möchte nicht so viel, danke!

hast oder **hasst**?
Leo hasst es aufzuräumen. Du hast es gut.

ist oder **isst**?
Mein Vater isst gern Kirschen.
Das ist eine Überraschung!

seid oder **seit**?
Ihr seid sehr fleißig. Paul geht es seit gestern wieder gut.

fast oder **fasst**?
Ich bin fast so groß wie du. Lena fasst die Ziege vorsichtig an.

bis oder **biss**?
Ich warte nicht bis morgen. Juri biss in sein Brot.

2 Schreibe nun die passenden Wörter in die Lücken.

3 Schreibe einige Satzpaare ab.
Ihr könnt sie auch als Partnerdiktat schreiben.

4 Schreibe zu einigen Wortpaaren eigene Sätze in dein Heft.

Wal Wahl war wahr
Seite Saite Bote Boote

▸ Sprachbuch: Seite 127
⤓ Lernsoftware: Nr. 24

Sätze verbinden

Merksatz
Mit **Bindewörtern** (Konjunktionen) lassen sich Sätze miteinander verbinden.
Bindewörter sind: *weil, damit, wenn, dass, sodass, obwohl, nachdem, da, als, indem, …*
Vor dem Bindewort steht ein Komma.

1 Markiere Satzteile, die zusammenpassen, mit der gleichen Farbe.

Ich trinke Wasser — weil du geschwitzt hast.
Du gehst duschen — weil es schmutzig ist.
Meine Mutter wäscht mein Trikot — weil ich Durst habe.

2 Schreibe die Sätze von Aufgabe 1 auf.
Achte auf das Komma vor dem Bindewort!

Ich trinke Wasser, weil ich Durst habe.
Du gehst duschen, weil du geschwitzt hast.
Meine Mutter wäscht mein Trikot, weil es schmutzig ist.

3 Setze die passenden Bindewörter in die Sätze ein.

Wir können nicht draußen spielen, weil (weil / damit) es die ganze Zeit regnet.
Ich weiß, dass (als / dass) ich noch fleißig üben muss. Die Sonne scheint wieder, nachdem (nachdem / damit) es stark geregnet hat. Er hat die Aufgaben nicht gemacht, obwohl (weil / obwohl) ich ihn daran erinnert habe.

4 Verbinde immer zwei Sätze mit dem Bindewort **weil**, **damit** oder **obwohl**.
Schreibe sie in dein Heft.

Peter ist noch nicht müde.	Ich bin morgen fit.
Ich gehe heute früh ins Bett.	Es ist schon spät.
Lisa geht heute nicht ins Freibad.	Sie ist krank.

▸ Sprachbuch: Seite 128, 129

Satzglieder umstellen – Texte verbessern

Merksatz

In einem Text kommt es darauf an, an welchen Stellen die Satzglieder in einem Satz stehen. Besonders die **Satzanfänge** sind für einen guten Text wichtig. Durch das **Umstellen von Satzgliedern** kann man einen Text **verbessern**.

1 In diesem Text fangen alle Sätze mit **Ich** an. Verbessere den Text, indem du Satzglieder umstellst. Einige sind schon unterstrichen, bei anderen Sätzen musst du es dir selbst überlegen.

Im Meeresmuseum

Ich war am Wochenende mit meinen Eltern im Meeresmuseum.

Am Wochenende war ich mit meinen Eltern im Meeresmuseum.

Ich habe im Ozeaneum lebensgroße Modelle der Wale gesehen.

Im Ozeaneum habe ich lebensgroße Modelle der Wale gesehen.

Ich lauschte dort auch den Gesängen der Meeressäuger.

Dort lauschte ich auch den Gesängen der Meeressäuger.

Ich habe im größten Aquarium Fischschwärme beobachtet.

Im größten Aquarium habe ich Fischschwärme beobachtet.

Ich konnte aber nicht bis zum anderen Ende des riesigen Aquariums sehen.

Aber ich konnte nicht bis zum anderen Ende des riesigen Aquariums sehen.

Ich habe auf einer Informationstafel gelesen, dass es 2,6 Millionen Liter Wasser enthält.

Auf einer Informationstafel habe ich gelesen, dass es 2,6 Millionen Liter Wasser enthält.

Sprache untersuchen

Informationen in einem Sachtext finden …

1 Lies den Sachtext.

Schweinswale

Schweinswale gehören zu den kleinsten Walen.
Sie kommen in der Ostsee vor und sehen den Delfinen sehr ähnlich.
Allerdings sind sie kleiner und haben nicht so einen langen Schnabel.
Deshalb werden sie auch **Kleine Tümmler** genannt.
Schweinswale werden maximal zwei Meter lang
und wiegen 40 bis 80 Kilogramm. Sie gehören zur Gruppe
der Zahnwale und ernähren sich von Schwarmfischen.
Dazu gehören Heringe, Dorsche und auch größere Krebstiere.
Zwischen Mai und Juni werden die jungen Schweinswale geboren.
Bei der Geburt wiegen sie fünf bis sechs Kilogramm
und sind schon halb so lang wie ihre Mutter.
Diese versorgt ihren Nachwuchs acht Monate lang mit Milch.
Um sich unter Wasser zu orientieren, senden die Schweinswale kurze
Klicklaute aus. Stoßen diese auf ein Hindernis, wie zum Beispiel auf
Felsen oder andere Meerestiere, kehren sie als Echo zum Wal zurück.
Früher kamen Schweinswale in der Ostsee häufig vor. Im Mittelalter
wurden sie wegen ihres Fleisches gejagt. Heute werden sie zwar
nicht mehr gefangen, aber die Art ist stark gefährdet.
Die kleinen Wale verheddern sich in Fischernetzen und sterben darin, weil
sie keine Luft bekommen. Außerdem machen ihnen Wasserverschmutzung,
Überfischung und Lärm durch Schiffe und Bauarbeiten im Meer zu
schaffen. Es wurden deshalb Richtlinien und Abkommen beschlossen,
um die Schweinswale vor dem Aussterben zu schützen.

2 Lies den Text ein zweites Mal.
Unterstreiche die Informationen in der vorgegebenen Farbe,
die zu diesen Oberbegriffen passen.

FORTPFLANZUNG UND ENTWICKLUNG | BESONDERHEITEN | FEINDE/GEFÄHRDUNG | LEBENSRAUM | AUSSEHEN | NAHRUNG

Texte verfassen

… und ordnen

3 Trage die fehlenden Oberbegriffe von Aufgabe 2 in die Kästen ein.

4 Ordne den Oberbegriffen die Informationen zu, die du in der entsprechenden Farbe unterstrichen hast.

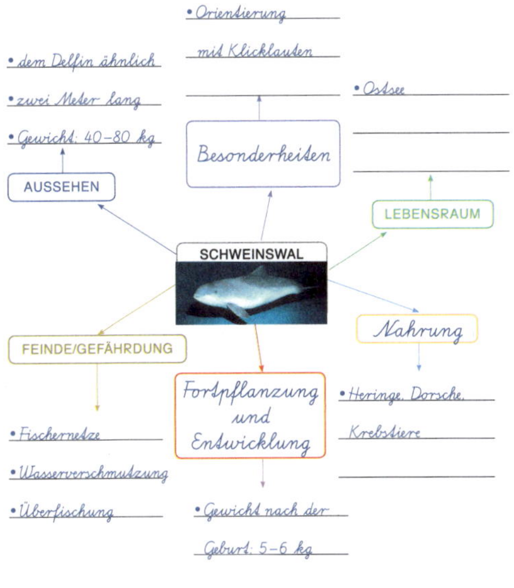

5 Suche noch weitere Informationen und Fotos über Schweinswale in Büchern oder im Internet und ergänze deine Stichworte.

6 Halte nun mithilfe deiner Stichworte einen Vortrag über den Schweinswal.

Texte verfassen

Was kann ich nun?

Teste dich selbst. Bearbeite die folgenden Aufgaben.
Male in die Kreise: Die Aufgabe war leicht ☺, mittel 😐, schwer ☹

1 Schreibe die Bildwörter mit Artikel auf.

der Fuchs, das Wachs, der Dachs, die Eidechse

2 Setze passende Wörter mit **ai** ein.

ein Monat: *Mai* eine Getreidepflanze: *Mais*

ein Raubfisch: *Hai* Teil einer Gitarre: *Saite*

3 Setze **s** oder **ß** ein.

der Gru*ß* das Gra*s* der Prei*s* der Fu*ß* der Spa*ß* das Lo*s*

er dö*s*t sie ra*s*t er blä*s*t es gie*ß*t es brau*s*t es flie*ß*t

4 **viel** oder **fiel**? Setze die Wörter richtig ein:

Du hast *viel* geschafft. Der Reiter *fiel* vom Pferd.

5 Verbinde immer zwei Sätze mit einem Bindewort.

Lena freut sich auf die 5. Klasse. Sie bekommt neue Bücher.

Lena freut sich auf die 5. Klasse, weil sie neue Bücher bekommt.

Juri macht beim Wettkampf mit. Er ist krank.

Juri macht beim Wettkampf mit, obwohl er krank ist.

6 Stelle die Sätze in deinem Heft so um, dass das Wort **Sie** nicht immer am Anfang steht.

Frieda fährt mit ihren Eltern in den Ferien ans Meer.
Sie möchte dort baden und Sandburgen bauen.
Sie will am Strand Steine und Muscheln sammeln.
Sie darf den ganzen Tag mit ihrem kleinen Bruder draußen spielen.

Was kann ich nun?

Lösungen

Arbeitsplan

In diesem Plan kannst du aufschreiben, was du schon geübt hast und was du als Nächstes im Arbeitsheft machen willst.

Seite	Aufgabe	Wie?	Wann?	Erledigt	Kontrolliert
6	1	mit ...	...	☺	✔
				○	
				○	
				○	
				○	
				○	
				○	
				○	
				○	
				○	
				○	
				○	
				○	
				○	
				○	
				○	
				○	
				○	

Arbeitsplan